AU COIN DES LOIS

Georges Lhermitte

Au Coin des Lois

*Mœurs Administratives
et Policières*

PARIS. — SOCIÉTÉ PARISIENNE D'ÉDITION

5, Rue de Savoie

MCMV

Je dédie ce livre :

A ma Mère, pour qu'elle oublie,

A Monsieur le Procureur de la République,
pour qu'il se souvienne.

A mes Confrères
de la Presse Parisienne et de Province
pour les remercier d'avoir protesté en 1894
contre l'iniquité.

G. Lh.

PRÉFACE

---

*J'avais le droit d'écrire un livre de violence et
de haine : je n'ai voulu mettre en ces quelques
pages qu'un peu de sarcasme et beaucoup de
mépris.*

*J'avais le droit de dire aux forbans que je
démasque : « Vous êtes des criminels. » J'ai pré-
féré les ridiculiser, en les mettant publiquement
aux prises avec leurs mensonges, leurs faux témoignages, leurs faux documents et leur procédure.*

*Maintenant, que le public juge. Il y est intéressé
à plus d'un titre :*

*D'abord, parce qu'il s'agit d'une iniquité, et que
personne — petit ou grand — ne peut se vanter
d'échapper demain à d'aussi louches manœuvres.*

*Ensuite, parce que l'Etat et les fonds du Trésor
sont en jeu.*

*Qui se souvient encore de l'affaire criminelle
dite des Fraudes du Dépôt? Personne.*

*Elle eut cependant déjà une heure de célébrité
fâcheuse.*

Elle débuta — en 1894 — en cour d'assises, par un scandale judiciaire. Toute la presse se demanda comment on avait pu échafauder, pendant deux ans, semblable accusation.

Les Débats posèrent cette question :

Quel est le mot de l'énigme ?

Le Temps y répondit par ce mot :

— **Passion !**

Et la vie ordinaire reprit son cours.

Il y a onze ans de cela.

Transformée, vertueuse, civile, cette affaire va revenir — sans remise possible — ces jours-ci mêmes, devant de nouveaux juges, des juges administratifs, le Conseil de Préfecture.

Elle n'en est peut-être que plus criminelle pour cela.

C'est pourquoi je publie ce livre, livre de documents et de faits, qui permettra à mes contemporains de voir comment il est possible — de nos jours — à quelques malandrins officiels d'assassiner les citoyens « au coin des lois ».

G. LHERMITTE,

Fils de M. Charles Lhermitte,
ex-candidat au bagne par la volonté
de M. Puybaraud.

PREMIÈRE PARTIE

EN COUR D'ASSISES

1891-1894

> *Je veux une condamnation, j'aurai une condamnation.*
>
> PUYBARAUD.
>
> *12 mai 1894*

PREMIÈRE PARTIE

EN COUR D'ASSISES

I

INTRODUCTION

L'ACTE D'ACCUSATION — L'AUDIENCE
RÉQUISITOIRE-PLAIDOIRIE DE M. L'AVOCAT GÉNÉRAL BULOT
TRIPLE ACQUITTEMENT

Le 8 mai 1894, quelques jours avant que l'affaire dite des *fraudes du Dépôt* vint à l'audience de la cour d'assises de la Seine, *la Gazette du Palais* résumait ainsi l'acte d'accusation :

Les fraudes du Dépôt de la Préfecture.

C'est vendredi prochain que commenceront les débats de cet important procès, dont l'instruction n'a pas duré moins de deux ans :

Voici les faits :

Au mois d'octobre 1891, M. Puybaraud, alors inspecteur général des prisons, découvrait que des fraudes se commettaient au Dépôt, dans le service de comptabilité.

Le bénéficiaire de ces fraudes est M. Louis-Charles Lhermitte, entrepreneur du service des prisons, et adjudicataire, depuis 1890, des fournitures du Dépôt.

Aux termes du cahier des charges, une somme de o fr. 595 lui était allouée par détenu passant une journée au Dépôt, et recevant deux distributions de vivres.

Pour établir le compte des sommes dues à M. Lhermitte, l'Administration faisait tenir par le commis-greffier du Dépôt, M. Mondet-Blanc, un registre où celui-ci devait mentionner très exactement la date de l'entrée des écroués et la date de sortie. La différence entre ces deux dates servait à calculer la somme due aux entrepreneurs. Ainsi pour un individu entré le 1er janvier et sorti le 6, l'Administration payait six fois o fr. 595 à M. Lhermitte qui, au Dépôt même, avait un représentant, M. Petithomme, chargé de relever sur les registres du greffe le nombre de journées et de demi-journées dues à l'adjudicataire.

M. Puybaraud, dont le zèle et l'activité sont bien connus de la Préfecture de Police, où il occupe actuellement les importantes fonctions de directeur du service des recherches, constata que, d'avril 1890 à janvier 1891, c'est-à-dire pendant dix mois, le nombre des journées passées au Dépôt par les hommes et les femmes avait été majoré de 21.096, soit, à raison de o fr. 595 par journée, une somme de 13.875 fr. 99 touchée par M. Lhermitte. Il constata de grossières falsifications de toutes sortes sur le livre de « contrôle nominatif », — qui, jusque-là, ne semblait pas l'avoir été souvent, *contrôlé*.

D'après l'accusation, les auteurs ou complices des faux sont le commis-greffier Mondet-Blanc, l'employé Petithomme et quelques détenus mis au service de l'adjudicataire des fournitures.

A l'audience, M. Mondet-Blanc affirmera que, matériellement, il n'a participé en rien aux faux et qu'il n'est coupable que de négligence.

M. Petithomme soutiendra la même thèse et ajoutera que les falsifications d'écritures n'étaient faites que pour réparer des erreurs.

Enfin M. Lhermitte, le seul bénéficiaire des faux, tout en protestant de son innocence absolue, prétendra que les traités qu'il a passés avec l'administration, lui ont causé un préjudice considérable.

L'accusation sera soutenue par M. l'avocat général Bulot. Mes Puech, Chaulin-Servinière et Albert Crémieux présenteront la défense des trois accusés.

La semaine suivante, le 17 mai 1894, le même journal la *Gazette du Palais* rendait compte en ces termes des débats :

L'affaire Lhermitte en Cour d'assises.

Nous avons parlé sommairement de cet important procès qui s'est déroulé les 11 et 12 mai dernier (1) devant la Cour d'assises de la Seine. On connaît le verdict du jury ; sa réponse a été négative aux *342 questions* qui lui étaient posées, et l'acquittement des accusés, demandé d'ailleurs par M. l'avocat général Bulot, ainsi qu'on le verra plus loin dans son réquisitoire que nous publions *in extenso*, a été accueilli avec satisfaction par l'opinion publique.

Nous croyons utile de revenir sur cette affaire, dont nous avons suivi attentivement les débats, et dans laquelle se trouvait engagée une des plus importantes subdivisions du ministère de l'intérieur, le service des prisons.

(1) Le 11 mai, l'audience dura une heure, le lendemain, deux heures et demie. L'instruction avait duré 31 mois, octobre 1891-mai 1894.

Nous avons dit que M. Lhermitte, adjudicataire des fournitures du Dépôt, M. Petithomme, employé, et M. Mondet-Blanc, commis-greffier du Dépôt, étaient accusés de faux en écriture publique et complicité.

L'acte d'accusation précise les faits de la manière suivante :

Lhermitte s'était rendu adjudicataire de la fourniture des subsistances à ce Dépôt à partir du 15 février 1890, au prix de o fr. 595 par journée et par détenu.

La présence d'un détenu dans cet établissement au moment d'une des deux distributions de la journée ou durant la nuit donne droit à l'adjudicataire au paiement d'une demi-journée ; le mouvement des détenus doit donc être constaté par des pièces indiquant l'heure des entrées et des sorties, pour arriver à calculer le montant des sommes dues à l'entrepreneur.

Ces mentions figurent sur le registre du contrôle nominatif, qui est divisé en plusieurs colonnes : la première, destinée à recevoir les noms des détenus ; les autres, à fournir vis-à-vis de chaque nom la date de l'entrée, la date de la sortie et le nombre des journées ou demi-journées passées dans l'établissement.

Ici, un mot d'explication s'impose sur le fonctionnement de ce contrôle.

Aux termes des règlements en usage, un *état nominatif* des détenus doit être établi par le gardien-chef et présenter une *concordance parfaite* avec les totaux du registre du *contrôle numérique*. Un double de cet état nominatif est communiqué à l'entrepreneur, pour qu'il en reproduise la copie, et sert de base à l'Administration pour le paiement des fournitures effectuées par l'entrepreneur.

Ce livre, continue l'acte d'accusation, était tenu par Mondet-Blanc, gardien commis-greffier, qui pouvait se faire aider par des détenus travaillant en sa présence.

Lhermitte était représenté au Dépôt par Petithomme, qui relevait périodiquement, sur le livre du contrôle nominatif, le nombre des journées dues à l'entreprise ; les états ainsi obtenus, certifiés conformes aux chiffres du livre du contrôle par le directeur du Dépôt, étaient mandatés par la Préfecture de police ; le nombre des journées avait été majoré sur le livre du contrôle nominatif et sur les extraits de ces registres ; par suite, le paiement de sommes supérieures à celles dues avait été ordonnancé.

L'acte d'accusation donne ensuite le détail des prétendus faux qui paraissent s'élever à une somme évaluée au moins à 13.875 fr. 99 (?), touchée indûment par Lhermitte, qui soutient avoir perçu cette somme de bonne foi. Il a été payé, dit-il, en vertu d'extraits certifiés conformes par le directeur du Dépôt, extraits dressés d'après un livre administratif tenu par un fonctionnaire ; il n'avait pas de motifs pour croire ces extraits falsifiés. Il ajoute que la somme qu'on lui reproche d'avoir indûment touchée est inférieure à celle qu'il aurait le droit de réclamer si son contrat avait été interprété comme il aurait dû l'être si l'Etat n'avait pas tranché la question du calcul de la journée dans un sens *défavorable à ses intérêts.*

Trois témoins à charge ont d'abord été entendus : MM. Flory et Ancel, experts, et Puybaraud, inspecteur général du service des prisons. L'audition de ces trois témoins a suffi à M. l'avocat général Bulot pour fixer son opinion sur le peu de consistance de l'accusation. Un détail de la déposition de M. Ancel, expert, est d'ailleurs intéressant à rapporter :

L'avocat général. — M. Lhermitte affirme qu'il vous a écrit plusieurs lettres relatives à des erreurs de compte ; est-ce vrai ?

L'expert Ancel. — Oui, c'est vrai, je me rappelle.

L'avocat général. — Eh bien ! où sont-elles, ces lettres ?

L'expert. — Je les mettais de côté comme résidus de dossier.

L'avocat général. — Comme cela.

L'expert. — Oui, pour plus tard.

L'avocat général. — Mais vous n'en parlez pas dans votre rapport ; vous ne faites pas la moindre allusion à ces lettres qui sont importantes, dans votre rapport. Pourquoi ?

L'expert répète qu'il les conservait à titre de résidus de dossier. La comptabilité du Dépôt était en outre tenue d'une manière déplorable ; tout le monde s'y perdait, même ceux qui avaient le plus d'intérêt à ce qu'elle fût tenue d'une façon régulière. La déposition de M. Puybaraud nous édifie à ce sujet.

Interrogé par M. l'Avocat général sur les personnes à qui était confiée cette comptabilité, M. Puybaraud a répondu qu'on y employait des détenus qui travaillaient sous les ordres de Mondet-Blanc. Ces comptables, qu'on aurait pu choisir parmi les prévenus du Dépôt où on aurait risqué de tomber quelquefois sur d'honnêtes gens, étaient précisément choisis parmi les détenus de la prison de la Santé, anciens caissiers, comptables, etc., où l'on était certain, a fait judicieusement remarquer M. l'avocat général Bulot, de trouver des voleurs.

M. Meugé, directeur du Dépôt, qui est entendu à la suite des experts et de M. Puybaraud, déclare qu'il est convaincu de la bonne foi et de l'honorabilité des accusés et qu'il croit à leur innocence.

Il ajoute que, dans les conditions où est organisée la comptabilité des subsistances au Dépôt, il est impossible de ne pas commettre de nombreuses irrégularités.

Les accusés, dit-il, ont pu, débordés par le travail et secondés seulement par les détenus, commettre ou laisser faire des irrégularités, mais ils n'ont accompli aucun fait répréhensible de manière à en tirer profit.

Les trois premières dépositions, au lieu de bien faire ressortir les fraudes commises et de confondre les accusés, n'ont eu pour effet que d'établir leur innocence. Il était difficile en effet d'expliquer la possibilité d'une fraude quelconque, en présence du système de comptabilité adopté par l'administration.

M. Lhermitte avait à fournir au Dépôt un certain nombre de rations. L'administration dressait elle-même un état numérique de ces mêmes rations, dont le total devait être en concordance parfaite avec le contrôle nominatif dressé également par ses soins.

M. Lhermitte recevait une copie de ce contrôle nominatif, et il lui était impossible de constater si les chiffres portés sur cette copie étaient majorés ou faussés d'une manière quelconque, eu égard à ceux des livres de l'Administration dont il n'avait pas communication.

En présence de la confusion des témoins mêmes qui avaient mené l'instruction et de la déclaration catégorique de M. Meugé, directeur du Dépôt, M. l'avocat général Bulot a renoncé à l'audition des autres témoins et a prononcé le réquisitoire suivant :

Messieurs les Jurés,

Vous avez déjà pu comprendre par la décision que je viens de prendre que j'abandonnais l'accusation contre les trois inculpés. Je tiens cependant à vous dire, d'un mot, pourquoi *j'abandonne cette accusation, complètement, absolument, et sans aucune espèce d'arrière-pensée.*

Les débats de l'audience d'hier et la partie des débats à laquelle vous avez assisté aujourd'hui, m'ont donné la conviction profonde que *les trois hommes qui sont devant vous sont très probablement victimes d'un ordre de choses qu'ils ont subi* et qu'ils ont mal subi En effet, l'Administration reconnaît, non pas seulement par ses paroles à l'audience, mais encore en fait puisqu'elle a renoncé au système malencontreux qui amène ces hommes ici, que le système

auquel elle s'était attachée ne valait rien. Dans une maison comme
le Dépôt qui est unique en France, on pourrait presque dire
unique au monde, par le mouvement considérable de prévenus
qui y passent et même de gens qui ne sont prévenus de rien, qui
sont arrêtés administrativement et qui restent là une demi-journée,
la comptabilité qu'on a voulu instituer pour pouvoir substituer
le système de l'entreprise au système de la régie, était une
comptabilité dans laquelle tout le monde se perdait ; et tout à
l'heure le directeur du Dépôt vous disait avec une très grande
franchise que, bien avant qu'on eût soupçonné, je ne dirai pas les
fraudes, puisque j'estime qu'il n'y en a pas, mais les erreurs qui
ont fait comparaître ces trois hommes devant vous, on avait prévu
qu'on ne se retrouverait jamais dans cette comptabilité et qu'elle
serait une source d'erreurs sans nombre. Or, et c'est ici que je
n'ai pu m'empêcher de manifester mon étonnement à l'honorable
M. Puybaraud, plus ce travail était difficile, plus étaient infimes
les gens auxquels il était confié. De sorte que ce qui devait
arriver est arrivé : tout le monde y a perdu la tête, chacun y a
perdu (celui qui en savait un peu) son latin et je vois maintenant
ce qui a dû se passer et ce que je veux dire avant de m'asseoir.

M. Lhermitte, vous le savez, est depuis nombre d'années le fournis-
seur, l'entrepreneur d'un très grand nombre de maisons des départe-
ments et du département de la Seine et il n'a jamais été soupçonné;
comment se fait-il qu'au Dépôt il soit devenu un voleur et un
faussaire et cela du jour où il y est entré, c'est-à-dire au bout de
six semaines, pour tâcher de grappiller une dizaine de mille francs ?
Cela s'explique tout naturellement maintenant que nous savons
avec quelles difficultés il s'est trouvé aux prises. M. Lhermitte, en
effet, nous le savons, est en procès avec l'Etat, devant le Conseil
de Préfecture, et il réclame, en dehors des 23.000 journées que
nous lui reprochons d'avoir touchées en trop, une somme assez
considérable pour des journées qu'il prétend lui être dues ; cette
somme ne lui est peut-être pas due et ce n'est pas nous qui tran-
cherons la question, mais il n'en est pas moins vrai que, lorsqu'on
a présenté à M. Lhermitte ces états sur lesquels il y avait des falsifications certaines dont je dirai un mot tout à l'heure, états qui
faisaient ressortir un nombre de journées supérieur, paraît-il, au
nombre de journées qui aurait dû figurer, comme tout cela était
encore inférieur à ce qu'il pouvait considérer comme lui étant dû,
on s'explique qu'il ne soit pas descendu dans le détail d'une vérification alors que son attention ne pouvait pas être éveillée.

Comment les autres ont-ils été amenés à commettre les falsifications ? Car, pour qu'il y ait le crime que nous reprochons, pour

que ces gens sans passé judiciaire se soient exposés à une aussi grave pénalité de gaieté de cœur, il faut qu'il y ait un intérêt pécuniaire, et l'accusation ne peut peser contre Petithomme et Mondet-Blanc qu'à la charge par nous de démontrer que Lhermitte les a payés. Eh bien! nous voilà dans l'impossibilité de faire cette preuve contre lui, et je suis convaincu qu'il n'a payé personne pour faire des faux. Alors, je le répète, pourquoi ont-ils fait des faux s'ils n'avaient pas un intérêt pécuniaire? Simplement parce qu'ils se sont trouvés en présence d'une impossibilité d'arriver à faire une comptabilité quelconque qui répondît à ce qu'ils considéraient comme la réalité des choses.

Petithomme s'est plu à le rappeler, lorsqu'il disait : « C'est bien simple, on faisait le calcul récapitulatif à la fin du mois ou à la fin du trimestre sur l'état estimatif qui était la base du mandatement à faire par la préfecture, et je disais... Il me faut mon compte, j'ai 20.000 rations de pain, il me faut 20.000 journées. » J'admets même très bien qu'il ait employé cette expression un peu vulgaire que rappelait M. Puybaraud! « Mettez si vous le voulez des queues aux zéros, mais il me faut 20.000 journées! » Cela ne serait pas de la criminalité puisque pour que l'acte matériel qui existe soit un faux, il faut qu'il y ait intention criminelle et intention de nuire. Cela est si vrai que les détenus qui sont les auteurs du faux matériel (nous sommes tous d'accord à ce point de vue) n'ont jamais été traduits devant vous et que, bien qu'ils soient les auteurs des faux, comme ils n'avaient aucun intérêt personnel, on n'a jamais songé à les incriminer.

Par conséquent, Messieurs les Jurés, les débats auxquels nous venons d'assister ont amené pour nous la conviction que Lhermitte, Petithomme et Mondet-Blanc n'avaient pas plus d'intérêt que les détenus que nous avons mis hors de cause à faire ces falsifications. Ils ont fait ces falsifications matérielles (j'ai dû me le demander) uniquement pour faire cadrer les écritures avec ce qu'ils considéraient comme la réalité des faits, et ils ne sont même pas à ce point de vue arrivés à réaliser leur désir puisque, je le répète, Lhermitte est obligé de plaider devant le Conseil de Préfecture pour réclamer d'autres journées qui, à son sens, n'ont point été portées sur les états.

Dans ces conditions, il ne reste ni crime ni délit. Vous avez devant vous des hommes qui ont eu tort de procéder ainsi au lieu de procéder autrement, par exemple par la voie de procès au contentieux comme celui que Lhermitte suit pour une partie de ses réclamations ; ces hommes avaient les employés que vous connaissez, ils se servaient des livres dont on vous a parlé et, en ce qui me concerne *(j'ai l'habitude de dire franchement ce que je pense)*, sans aucune espèce d'arrière-pensée, de la façon la plus nette et la plus absolue, je vous demande de rendre rapidement un verdict d'acquittement qui sera de votre part une excellente justice à l'égard des trois accusés.

Après ce réquisitoire, le verdict n'était pas douteux. Aussi les défenseurs des prévenus, M⁰ Chaulin-Servinière (du barreau de la Mayenne), député, pour Lhermitte, M⁰ Puech pour Petithomme et M⁰ Albert Crémieux pour Mondet-Blanc, n'ont pas cru devoir prendre la parole. Il est juste d'ajouter que les défenseurs avaient apporté le plus grand dévouement à la cause dont ils étaient chargés, et leurs plaidoiries n'auraient pu que faire ressortir d'une façon plus évidente l'innocence de leurs clients.

Comment se fait-il qu'au Dépôt, interroge M. Bulot, M. Lhermitte soit devenu un voleur et un faussaire, et cela du jour où il y est entré, c'est-à-dire au bout de six semaines, pour tâcher de grappiller une dizaine de mille francs ?

Interrogeons les faits : ils vont répondre.

COMMENT M. LHERMITTE SE RENDIT ADJUDICATAIRE
DES PRISONS DE LA SEINE

Les relations de M. Lhermitte avec l'Etat ne datent pas du 14 janvier 1890, jour de l'adjudication des prisons de la Seine.

Depuis 1872, M. Lhermitte se trouvait la partie de l'Etat et son serviteur — serviteur fidèle, irréprochable, il faut en convenir, si l'on en croit la continuité de ses bons rapports avec l'Administration. — En 1890, M. Lhermitte était donc pour l'Etat, non un nouveau venu, mais une vieille connaissance, et il avait bien quelques droits à briguer un service auquel les précédents semblaient le destiner.

Pourtant, M. Lhermitte ne rencontra pas l'accueil qu'il espérait, et l'Etat lui fit grise mine.

Malheureusement, le caractère de l'Etat, son humeur, son équité, sa conduite, varient avec qui l'incarne : en 1890, M. Herbette, directeur général de l'Administration pénitentiaire, incarnait l'Etat.

M. Herbette n'aimait pas M. Lhermitte : il le lui prouva.

La preuve de ce manque de sympathies résulte clairement de ce qui va suivre :

Le 16 août 1889, à une deuxième adjudication, M. Lhermitte s'était rendu adjudicataire des services économiques des prisons de la circonscription de Nantes. Le 31 août suivant, il alla prendre possession desdits services.

Quelle ne fut pas sa stupéfaction en apprenant qu'il n'était plus adjudicataire, et que M. Herbette avait passé un marché de gré à gré avec M. Veysset !

Voilà comment le représentant de l'Etat traitait un vieux serviteur de dix-sept années, qui venait d'offrir *légalement* à l'Etat, *par voie de soumission,* **une économie de 0 fr. 13** sur le prix du précédent marché !

A la vérité, M. Veysset avait traité, *de gré à gré,* à o fr. o1 de moins que M. Lhermitte (o fr. 62 la journée au lieu de o fr. 63); mais cette différence n'était qu'un trompe-l'œil, car, en même temps que la circonscription de Nantes, M. Veysset obtenait de M. Herbette d'autres marchés dont les avantages compensaient largement cette *apparente* et *insuffisante* économie (1).

---

(1) *Insuffisante économie.* — La règle, en matière d'adjudication publique, est la suivante : si, après une adjudication, un rabais vient à être proposé sur le prix du dernier enchérisseur déclaré adjudicataire provisoire, ce rabais doit au moins présenter pour l'Etat une diminution de 10 pour 100 sur ce prix. 10 pour 100 sur 0 fr. 63 = 0 fr. 063, et M. Veysset n'avait offert qu'un rabais de 0 fr. 01. — Ce marché est daté du *31 août 1889.*

Apparente économie. — En même temps que M. Herbette passait à M. Veysset le marché de Nantes, il lui concédait le même jour

Les 2 et 21 septembre 1889, M. Lhermitte protestait par *acte d'huissier*, et, le 27 septembre, une menaçante réponse de M. Herbette relevait la protestation :

L'Administration, à l'occasion de cette manière de procéder de votre part, **entrepreneur actuellement en services,** *fait pour l'avenir, et en vue des adjudications à passer, les plus expresses réserves.*

C'était une déclaration de guerre.

M. Herbette promettait à M. Lhermitte son inimitié : il tint parole.

M. Lhermitte ne tarda pas à s'en apercevoir.

Le 25 septembre 1889, on lui retire les départements de la Sarthe et de la Mayenne, qu'il avait demandé à garder au prix de 0 fr. 64 la journée, et on les donne à M. Veysset à ce même prix de 0 fr. 64. En revanche, M. Veysset garde, toujours de gré à

31 août 1889, l'entreprise des prisons des départements d'Indre-et-Loir, Loir-et-Cher, Cher et Jura, au prix de 0 fr. 77 pour quatre années. Ce marché représente à lui seul, d'après les statistiques de l'époque, une valeur de 480.000 francs.

Là, ne s'arrête pas la compensation : le même jour encore, *31 août 1889*, M. Herbette renouvelait pour cinq ans à M. Veysset le marché de la 26ᵉ circonscription pénitentiaire dont il était l'entrepreneur mais qui était arrivé à fin de bail et *ce, en lui accordant une augmentation de plus de* **40.000 francs** *sur les anciens prix d'adjudication.*

En résumé, le montant des marchés passés, *de gré à gré,* le même jour, *31 août 1889*, par M. Herbette à M. Veysset, sans compter celui de Nantes, s'élève à *1.300.000 francs* environ (1.267.122 fr. 25).

Cela, soi-disant, pour compenser l'économie de 0 fr. 01 proposée par M. Veysset sur le marché de Nantes. Cette économie représentait une diminution de dépenses pour l'Etat de 2.221 fr. 71 par an, soit 6.665 fr. 13 pour trois ans.

Voilà comment M. Herbette tenait les intérêts de l'Etat.

gré, à o fr. 72 par journée, le département de Maine-et-Loire, dont M. Lhermitte s'était engagé à *soumissionner* les services avec un rabais de o fr. o8.

Le 14 janvier 1890, l'Etat met en adjudication les services pénitentiaires de la Seine; M. Lhermitte soumissionne à o fr. 59 c. 5; il est déclaré adjudicataire.

M. Herbette ne s'en console pas et cherche par tous les moyens à l'évincer. Deux fois il le mande au Ministère (lettres des 17 et 18 janvier 1890) : il affirme avoir reçu des propositions de rabais ; il veut imposer à sa partie le prix de o fr. 57. Notez que, lors de l'adjudication, l'offre la plus élevée après celle de M. Lhermitte avait été de o fr. 66 c. 6, soit o fr. 07 de plus que la sienne !

Lassé de ces difficultés, M. Lhermitte ne veut plus entendre parler de ces « tripoteurs d'affaires ».

Il en est arrivé à ce degré de fatigue morale, que, pour abandonner la place et reconquérir la paix, il est prêt à sacrifier les 10.000 francs de son cautionnement provisoire !

Le 22 janvier 1890, il insiste une dernière fois auprès du Ministre pour obtenir une solution et le lendemain 23 M. Herbette est obligé d'approuver le marché. Avec quel enthousiasme, on le devine, d'après tout ce qui précède !...

Plus que jamais, M. Lhermitte peut compter sur une constante raideur, sur une acrimonie persévérante qui ne se relâchera point, qui, sauf de rares

et temporaires exceptions auxquelles on doit rendre
hommage, se fera sentir à tous les degrés de
l'échelle administrative, qui provoquera chaque
jour les chocs et les injustices d'où, après mille
vicissitudes, est sorti le procès actuel. Lorsqu'on
examine la genèse, les débuts de cette entreprise,
faut-il s'étonner qu'elle ait rencontré tant d'obstacles,
que les articles les plus clairs du cahier des charges
aient été obscurcis comme à plaisir, dénaturés pour
lui nuire, que ses réclamations soient demeurées
sans écho, et qu'enfin, persécutée, traquée de
toutes façons, elle n'ait d'autre recours que la voie
judiciaire ?

Pendant une année entière — l'année 1890 —
M. Lhermitte s'est adressé en vain au Préfet et au
Ministre pour obtenir qu'on respecte son cahier
des charges. Il ne se passe pas de jours qu'on ne
viole outrageusement les clauses de ce contrat. A la
Santé, à Sainte-Pélagie, à la Conciergerie c'est le
vol et le gaspillage organisés. Ici on perçoit des
vivres pour des détenus libérés depuis quarante-
huit heures ; là on coupe des couvertures pour en
faire des fauberts ; ailleurs on éclaire la maison à
giorno pendant toute la nuit, etc., etc.

En juillet 1890, M. Lhermitte sollicite du Ministre
une enquête. M. Grollier, inspecteur général y procède, mais M. Lhermitte n'en peut jamais connaître
le résultat. Las d'attendre, menacé de la ruine, le
2 février 1891, c'est-à-dire un an à peine après son

entrée en service, il est obligé d'introduire devant le Conseil de Préfecture un recours qui, à la fin des trois années d'entreprise, se traduira par une demande de 950.000 fr. de dommages-intérêts (1).

De plus, il sollicite la résiliation de ses marchés. L'Administration, qui doit, aux termes de son cahier des charges, le régler tous les mois, oublie le plus souvent de le payer. Elle lui doit 125.000 francs.

— Payez-moi, dit M. Lhermitte, ou je quitte la place.

(1) Ce recours contenait dix-neuf chefs de réclamations. Par arrêt du 12 décembre 1896, le Conseil de Préfecture décida de renvoyer onze de ces réclamations à l'expertise et repoussa le surplus des conclusions de M. Lhermitte. Trois experts furent nommés. Le 22 octobre 1898, ils déposèrent leur rapport au greffe du Conseil de Préfecture. Ce rapport conclut à l'unanimité des trois experts, y compris celui de l'État, à une allocation de 247.218 fr. 69 de dommages-intérêts.

Pour détruire l'effet que pouvait produire sur le Conseil de Préfecture un semblable rapport, l'État renia, dans ses conclusions, l'œuvre de son propre expert et laissa entendre que l'auteur de ce livre avait soudoyé les experts. Lorsque l'affaire vint à l'audience, je sommai l'avocat de l'État, M⁰ Beurdeley, de prendre la responsabilité des conclusions anonymes de l'Etat et d'apporter les preuves matérielles ou morales des faits allégués, afin qu'on puisse immédiatement m'arrêter. Il s'en garda bien, car j'aurais aussitôt demandé acte de ses paroles et je l'aurais poursuivi. Par arrêté du 6 janvier 1902, le Conseil de Préfecture revenant sur sa décision du 12 décembre 1896, qui tranchait les questions en droit, refusa d'homologuer entièrement le rapport des experts. Il réduisit les dommages-intérêts à environ 50.000 francs. Immédiatement M. Lhermitte s'est pourvu devant le Conseil d'Etat où l'affaire est actuellement pendante.

— Dès que fut rendu l'arrêt du 12 décembre 1896, M. Lhermitte porta devant le Conseil d'Etat celles de ses réclamations qui avaient été repoussées. Par arrêté du 11 juillet 1902, le Conseil d'Etat a infirmé l'arrêt du Conseil de Préfecture et décidé qu'il y avait lieu à expertise. Cette expertise — en 1905 — n'est pas encore commencée : 1° parce que l'Etat, renversant les rôles, a porté la décision du Conseil d'Etat en appel devant le Conseil de Préfecture sous prétexte de faire nommer un autre expert ; 2° parce que le nouvel expert qu'il a choisi est mort et qu'il ne s'est pas encore décidé à le remplacer.

— Fort bien, réplique M. Herbette. On vous mettra en faillite.

Voici, pour le surplus, sa réponse officielle télégraphique, qui fut adressée aux préfets, pour être communiquée à M. Lhermitte.

Télégramme.

Intérieur-Prisons à Préfet.....

Réclamation Lhermitte m'est signalée sur paiement certaines dépenses pour entretien des détenus durant dernier mois 1890. La fixation et l'insuffisance des ressources budgétaires, *à quoi le Gouvernement n'avait pas le pouvoir de parer*, n'a pas permis de vous adresser les délégations nécessaires ; le vote, par le Parlement, *des crédits supplémentaires* qui affectent d'ailleurs *caractère obligatoire* est *indispensable* et **prochain** ; je vous délivrerai immédiatement ordonnance que force majeure rend impossible plus tôt. *Cessation de service* par M. Lhermitte, sous prétexte de **simple embarras** ou **dommage à examiner**, serait donc *inexpliquable* et *inadmissible*. Elle l'exposerait à être considéré *comme entrepreneur défaillant* et à faire pourvoir *pour son compte à la marche obligatoire des services*, en conformité des dispositions **impératives** de l'article 64 du cahier des charges, jusqu'à *nouvelle adjudication à sa folle enchère*. Veuillez faire aussitôt part de cette communication.

La police, représentée par M. Puybaraud, se met aussi de la partie. Le 16 mars 1891, M. Lhermitte reçoit l'invitation suivante :

MINISTÈRE
DE L'INTÉRIEUR

INSPECTION GÉNÉRALE
des
SERVICES ADMINISTRATIFS
(*Section pénitentiaire*)

Paris, le 16 mars 1891.

MONSIEUR,

Par ordre de M. le Ministre de l'Intérieur, je vous prie de vouloir bien vous trouver demain mardi, à trois heures, à la salle de l'Inspection générale, rue de Cambacérès, numéro 11 (1er étage).

Recevez, Monsieur, l'assurance de ma considération distinguée.

L'Inspecteur général,

Louis PUYBARAUD.

M. Lhermitte, entrepreneur général des Prisons de la Seine, n° 10, quai Henri IV (Paris).

Que se passa-t-il dans cette entrevue ? Une lettre de l'époque va nous le dire. Elle est adressée par M. Lhermitte à son beau-frère. Elle porte la date du 18 mars 1891. (Copie de lettres 98, p. 476.)

« J'ai été appelé hier par M. Puybaraud au Ministère, il a discuté *tous les griefs du mémoire* et m'a demandé des renseignements que je lui ai fournis ; *il va être l'ennemi acharné*, aussi je lui ai dit en partant qu'il avait manqué sa vocation et qu'il aurait dû être procureur général. »

M. Lhermitte avait bien prévu. Dès lors il ne quittera plus l'antichambre des juges d'instruction.

Cinq jours plus tard, le 23 mars 1891, on ouvre contre lui une instruction pour une prétendue falsification de beurre que, réflexion faite, on abandonne. Mais on poursuit son fournisseur, qui est acquitté.

Presque aussitôt après, nouvelle enquête du commissaire de police : cette fois, il s'agissait d'un détournement de graisse ; le cuisinier de la Conciergerie, avait, paraît-il, illégalement écumé son pot au feu !... On le croyait, du moins, car l'innocence du cuisinier fut reconnue et on le laissa tranquille. Seulement, on lui refusa un certificat, en des termes fort pittoresques relatés par le brave homme dans la lettre ci-après, dont il faut respecter l'ortographe et le tour naïf :

Paris, le 9 avril 1891.

M. LHERMITTE,

Je vous dirais que je suis été à la Conciergèrie ce matin pour qu'on me fasse un certificat, on m'a répondu que non mais si je voulais dire que cetez vous qui me lavez commendé de dégresser le pot au feu qu'on me ferais un certificat pour aller travailler à la prison de Nentaire et qu'on verrait M. Caplat (1) en ma faveur.

J'est répondu que vous me lavez jamais commendé, et que je l'avais vu faire dans toute les prisons de la

(1) M. Caplat était directeur de la maison de Nanterre. C'est lui qui, plus tard, fera à son tour poursuivre et condamner M. Lhermitte... On l'avait vu. Lorsqu'il apprit, le 13 mai 1894, l'effondrement de l'accusation aux assises, il se mit à pleurer de désespoir.

2.

Seine, et je lui est di que sa se faisais à la prison de
Nentaire comme à Paris.

M. Lhermitte je mé prés de vous rende contre du
Piege que long veux vous tende pour me prendre.

Je vous dirais qu'il y a une vengance contre vous et
c'est mois qui en subies les concequance.

Recevez mes salutation empressée.

PICHARD François.

Toujours M. Lhermitte ! C'est toujours lui qu'on
vise et, si l'on arrive pas encore à le faire condamner, au moins contre lui fait-on flèche de tout bois.

Comme par enchantement, toutes ces histoires
font le tour de la presse.

M. Lhermitte proteste. Il écrit aux journaux pour
se défendre et il ajoute :

« Vous pouvez assurer en même temps les intéressés
à la question, que je continuerai quand même à poursuivre la revendication de tous mes droits contre
l'Administration dont vous paraissez prendre si à cœur
les intérèts. »

A partir de ce moment, M. Lhermitte est l'objectif
visé sans cesse. Ses relations les plus suivies
deviennent le commissaire de police et le juge
d'instruction ; il faut croire qu'on le dérange pour
le seul plaisir de lui faire connaître ces magistrats,
car, des poursuites intentées, aucune n'aboutit.

Le 1er mai 1891, la chute de M. Herbette procure
à M. Lhermitte une sorte de trêve ; mais le
23 novembre suivant, la nouvelle, publiée par toute

la presse (1), de l'arrestation du héros de la Fouilleuse (2), manifesta de nouveau l'espèce de lien bizarre que le destin semblait avoir noué entre lui et M. Lhermitte.

On lit, en effet, dans l'*Agence Havas :*

AGENCE HAVAS

La mise en circulation de cette nouvelle ne peut s'expliquer que par l'arrestation, opérée cette nuit, d'un ancien commis-greffier du Dépôt qui a commis des fraudes dans ses écritures de comptabilité ; mais cette arrestation ne se rattache nullement à des faits dont la responsabilité pourrait être attribuée à M. Herbette.

(*Figaro*, 23 novembre 1891.)

L'affaire des « **Fraudes du Dépôt** » était lancée.

Qui l'avait montée ? M. Puybaraud : voici, en effet, le début de son rapport daté du 27 octobre 1891 :

« Monsieur le Ministre,

« J'ai l'honneur de vous rendre compte d'irrégularités « graves que *je viens de découvrir* au Dépôt, près la « Préfecture de Police, au courant de mon inspection de « cet établissement pénitentiaire... »

---

(1) Presque tous les journaux annoncèrent que M. Herbette, qui venait d'être nommé conseiller d'Etat, avait été arrêté par M. Clément, commissaire aux délégations, qu'il avait été immédiatement mis en présence d'un conseiller à la Cour, au parquet, et qu'il n'avait quitté le palais qu'à 8 heures et demie du soir.

(2) Voir *aux Annexes,* note sur la Fouilleuse.

Or, que *venait de découvrir* M. Puybaraud ? De prétendues irrégularités qui avaient été, dès 1890 (1), c'est-à-dire un an auparavant, dénoncées à l'Administration par un sieur Gibert, détenu !

Voici en effet la déposition faite par ce détenu devant M. Habert, juge d'instruction (cote 101) :

> Quand j'ai quitté le Dépôt pour aller à la Santé (septembre 1890), je voulais prévenir le directeur de ce qui se passait, mais il était en congé.
>
> Quelque temps après mon arrivée à la Santé, j'ai demandé une audience à M. le Directeur. Il a remis ma lettre à M. l'Inspecteur qui m'a fait appeler et m'a demandé ce que j'avais à dire au directeur.
>
> Je lui ai répondu que je voulais le prier de donner avis au directeur du Dépôt de ce qui s'y passait, à savoir que l'entrepreneur faisait majorer les journées de détenus et que par exemple, dans le trimestre échu au 1er juillet, il y avait eu une majoration de plusieurs milliers de journées. J'ai dit aussi que j'étais tout prêt à aller donner à M. le Directeur du Dépôt les renseignements qui pouvaient lui être utiles.
>
> M. l'Inspecteur m'a répondu : « C'est bien, on verra ça. A votre sortie vous irez le trouver si vous voulez. » Il ne voulait pas croire ce que je lui disais : « Ça n'est pas possible, me disait-il. »

Ce détenu — était-il mort ? — ne vint pas soutenir à l'audience sa délation. Cependant, quel témoin

---

(1) A cette époque, M. Herbette était encore directeur général de l'Administration pénitentiaire, et le directeur de la Santé, — un sieur Laguesse, aujourd'hui directeur de la maison centrale de Poissy, qui reçut les confidences de Gibert par l'intermédiaire de son inspecteur, — était en relations suivies avec lui.

précieux ! Il a tout vu, tout su, et le hasard, l'heureux hasard, lui a permis d'assister aux incidents les plus graves, et de noter des confidences les plus intimes.

Six mois plus tard, libéré, il se trouvera encore — quel flair ! — au café des *Lauriers Roses*, à la minute précise où le commissionnaire apportera les fameux registres majorés.

Et l'Administration n'a pas voulu croire en 1890, un si parfait indicateur ! M. Puybaraud a attendu un an encore — septembre 1891 — avant de découvrir les fraudes que Gibert avait signalées en 1890 !

Excès de bienveillance, direz-vous, de la part du fonctionnaire qui avait reçu les confidences de Gibert ? Jugez-en.

A la même époque, ce même fonctionnaire, le directeur de la Santé, essayait de faire mettre M. Lhermitte en faillite en refusant d'approuver une facture de 67.000 francs. Motif : M. Lhermitte n'avait pas voulu remplacer un carreau cassé.

Mais nous ne sommes encore qu'en 1891. Trois ans nous séparent du 12 mai 1894, date à laquelle l'affaire des fraudes du Dépôt sera inscrite au rôle de la cour d'assises. D'ici là, il faut préparer l'opinion. M. Puybaraud y travaille.

Le 2 mars 1892, M. Clément, commissaire aux délégations judiciaires, convoque M. Lhermitte dans son cabinet pour le lendemain matin *neuf heures*. M. Lhermitte est exact au rendez-vous policier. On le reçoit à *une heure* et immédiatement on le met sous la respectable sauvegarde de six agents. Les agents portaient des bouteilles, de la cire, un cachet. On invite M. Lhermitte a prendre place dans un omnibus ; M. Clément et les agents montent avec lui, pour lui tenir compagnie. La foule des badauds dégustait ce spectacle. On arrive en cet équipage à la prison de la Santé, on conduit M. Lhermitte à la cantine et, devant le personnel de la maison assemblé, M. Clément lui défend de bouger ni de parler. Le commissaire fait ensuite jurer sur son écharpe au cantinier de dire toute la vérité, et, tandis qu'il l'interroge, les agents saisissent les denrées de la cantine.

Mais ils ne saisissent que les marchandises en cours de débit et ne prélèvent aucun échantillon sur les réserves non encore entamées ; or, c'était ces réserves qu'il fallait examiner pour les comparer avec les produits débités, car de la comparaison devait sortir la vérité.

En effet, chaque fois qu'il passait un marché, M. Lhermitte avait soin d'exiger de ses fournisseurs :

1° Que les marchandises vendues fussent garanties conformes aux prescriptions du cahier des charges ;

2° Qu'elles fussent livrées cachetées.

M. Lhermitte exigeait en outre de ses employés :

1° Qu'ils ne prissent livraison que de marchandises cachetées ;

2° Qu'ils n'en introduisissent jamais d'autres dans la maison (1).

De telles précautions pouvaient à la rigueur laisser place à une fraude soit de la part du fournisseur, soit de la part des employés de M. Lhermitte : à coup sûr, elles mettaient M. Lhermitte à l'abri de tout soupçon.

Pourquoi M. Clément donnait-il à ses agents l'ordre de ne prélever des échantillons que sur les marchandises en cours de débit ?...

Pourquoi privait-il M. Lhermitte de son seul moyen de défense, en l'empêchant d'établir que les marchandises — si elles étaient falsifiées — l'avaient été par ses fournisseurs eux-mêmes ?

M. Lhermitte réclama, on lui ferma la bouche...

La perquisition finie, on remonte en voiture et l'on part pour Sainte-Pélagie.

Situation bizarre : M. Lhermitte était-il arrêté ? était-il libre ? Il sondait cet important problème. M. Clément le sondait aussi et sans doute n'arrivait pas à le résoudre, car il avait l'air ennuyé.

Pour affecter l'indifférence. M. Lhermitte tire un journal et lit. Cet indifférence et ce journal agacent M. Clément qui interpelle M. Lhermitte :

— Oui ! demain vous ferez encore publier cela dans l'*Intransigeant* ?...

— . . .

(1) Je tiens tous les originaux de ces marchés à la disposition de mes confrères.

— Pourquoi ne répondez-vous pas ?

— Parce que ma réponse serait inutile. Quand je serai libre...

— Vous n'êtes pas libre ?... Vous osez dire que vous êtes arrêté ?...

— Ne le suis-je pas ?

— Non.

— Je pourrais donc, s'il me plaisait, descendre et m'en aller.

— Parfaitement.

— Permettez-moi d'en profiter...

Et M. Lhermitte se lève ; ce que voyant, M. Clément, qui a la grande habitude des arrestations, arrête à la fois M. Lhermitte et la voiture. Puis :

— Vous ne voulez pas me suivre ?

— Dites : me laisser conduire. Alors..... je suis arrêté ? ? ?...

C'est au cocher que M. Clément fit la réponse en criant :

— Au parquet.

On arrive au palais. M. Clément laisse M. Lhermitte dans la voiture, descend seul, s'absente un moment, puis revient, invite M. Lhermitte à le suivre et l'introduit dans le cabinet d'un juge d'instruction : c'était M. Huet.

M. Clément prend la parole, fait au magistrat un récit n'ayant que de vagues ressemblances avec celui qu'aurait fait M. Lhermitte et obtient, avec un mandat d'arrêt en blanc (donc, jusqu'alors, il n'en avait pas, et pourtant il avait arrêté !...) l'ordre de recommencer, comme le voulait M. Lhermitte, à prélever des échantillons (1).

L'arbitraire et l'illégalité de toute cette scène qu'on pourrait intituler, si elle était un vaudeville : **les angoisses de M. Clément** ou **la détention d'un prisonnier libre,** sautent aux yeux.

On veut intimider M. Lhermitte. C'est le suprême chantage.

Cela se passait le 3 mars 1892 ; le 10 mars, M. Lhermitte est assigné à comparaître devant M. Huet pour le surlendemain ; mais, le lendemain, ce magistrat lui envoie la communication suivante :

N° 22
—

TRIBUNAL
DE
PREMIÈRE INSTANCE
DU
DÉPARTEMENT DE LA SEINE

———

CABINET D'INSTRUCTION

Paris, le 12 mars 1902,
10 heures 3/4.

Monsieur Huet, juge d'instruc-truction, informe Monsieur Lhermitte qu'étant obligé de s'absenter pour une cause imprévue et subite, il ne pourra l'entendre demain samedi 12 mars.

Prière de considérer *comme non*

(1) Ce jour-là il fut prélevé des échantillons sur toutes les marchandises et dans toutes les prisons. L'opération dura jusqu'à près de sept heures du soir. Et les sbires de M. Clément emportèrent pour plus de 100 francs d'échantillons.

avenue la convocation qu'il lui a
adressée pour demain.

Veuillez agréer, Monsieur, l'assurance de ma considération très
distinguée.

Le Juge d'instruction,

H. HUET.

Depuis, M. Lhermitte ne fût jamais plus convoqué...

Quel était l'instigateur de ces étranges procédures ?

Les 25 décembre 1891 et 4 janvier 1892, l'*Intransigeant* avait publié deux articles intitulés « **Le
dossier Herbette** ». On comprend l'exclamation
de M. Clément en voiture :

— Demain vous irez encore raconter cela dans
l'*Intransigeant !*

III

EN CORRECTIONNELLE — LEVER DE RIDEAU

Si le rapport de M. Puybaraud n'a plus aujourd'hui la moindre valeur judiciaire, s'il appartient — quoiqu'en veuille dire encore l'Administration — au domaine des résidus procéduriers, il n'en est pas moins vrai qu'avant le verdict qui le poussa dans le néant, il eut son heure de vogue fâcheuse, et que des mains, d'autant moins discrètes qu'elles étaient officielles, en détachèrent maints feuillets pour satisfaire la meute des curiosités intéressées.

En voici un exemple :

Rapport de M. Puybaraud. (Page 27.)	*Article paru* *le 25 novembre 1893* (1).
..... On le voit, rien n'est plus simple. Mais une condition est	..... Le total à faire est donc bien simple. Mais pour éviter la fraude

(1) — Cet article parut dans le *Rappel* — qui publia le surlendemain, numéro du 27 novembre 1893, la rectification suivante : **Les Fraudes du Dépôt.** — Nous recevons la lettre suivante : Paris le 25 novembre. Dans un article paru hier en première page de votre journal et intitulé : *les Fraudes du Dépôt,* vous paraissez m'attribuer en cette affaire un rôle qui est loin d'être en rapport avec les faits.

J'ai toujours ignoré et j'ignorerais encore, si la justice ne me les avait

indispensable, c'est que le contrôle nominatif soit honnêtement tenu, c'est-à-dire qu'on inscrive bien exactement les dates d'entrée et surtout les dates de sortie. Il est clair par exemple que si, au lieu d'inscrire un détenu comme sorti le 4 octobre on l'inscrit comme sorti le 14, son entrée étant du premier, ce n'est plus trois jours, mais treize jours qui figurent à la colonne de durée de séjour.

Par suite, au lieu d'être payé à raison de trois journées, c'est à raison de

il y a une condition indispensable, c'est que le contrôle nominatif soit honnêtement tenu, c'est-à-dire qu'on inscrive bien exactement les dates d'entrée et surtout les dates de sortie. Il est clair par exemple, que si au lieu d'inscrire un détenu comme sorti le 4 octobre, on l'inscrit comme sorti le 14, son entrée étant du premier, ce n'est plus trois jours, mais treize jours qui figurent à la colonne de durée de séjour.

Par suite, au lieu d'être payé à raison de trois

---

dénoncées, les prétendues fraudes, relevées à la charge de mon employé et de celui de l'Administration. j'ajouterai même que je ne pouvais rien apercevoir. J'ai fourni à MM. les Experts ainsi qu'à la justice, tous les renseignements que l'on pouvait attendre de moi et *je laisse à celui qui vous a communiqué le rapport dont votre article, malgré tout le secret gardé, est en grande partie tiré, le soin de vous communiquer ma réponse.*

Fort de mon honnêteté et de mon droit, *j'attends avec confiance dans ce procès, aussi bien que dans ceux que je poursuis contre l'Administration*, et dans lesquels les intérêts de ce pauvre gouvernement (comme vous l'appelez), sont très fortement engagés, la décision des juges qui sont appelés à examiner les faits.

Je vous serai, en attendant, obligé d'insérer dans votre plus prochain numéro, la présente protestation.

Recevez, Monsieur le Directeur, l'assurance de ma considération distinguée.   LHERMITTE.

Nous publions volontiers, ajoutait le *Rappel*, la lettre de M. Lhermitte, mais nous lui ferons remarquer que rien dans notre article n'était de nature à l'inculper personnellement en quoi que ce soit. Sa protestation était donc bien inutile.

treize journées, dix de plus, que l'entrepreneur sera rémunéré.

Eh bien, c'est cette fraude si simple, mais si manifestement délictueuse qui a été commise au Dépôt plusieurs centaines de fois durant plus de huit mois, du mois de mai 1890 au mois de février 1891, et cela sans que personne avant mon inspection ait paru s'en apercevoir.....

journées, c'est à raison de treize journées, dix de plus, que l'entrepreneur sera rémunéré.

Eh bien ! c'est cette fraude d'une simplicité biblique qui a été commise au Dépôt plusieurs centaines de fois, durant plus de huit mois, du mois de mai 1890 au mois de février 1891.

Il y en a pour 15.000 francs environ.

Aucun inspecteur ordinaire ne s'était aperçu de ces agissements ; il a fallu un inspecteur général, M. Puybaraud, pour s'en rendre compte et découvrir le pot aux roses...

Entre l'article et le rapport, il y a plus que des coïncidences de pensées et de forme dues à des affinités littéraires. L'un est la copie à peine déguisée de l'autre ; les chiffres et les faits y sont présentés dans le même ordre, y revêtent la même expression ; à peine le journal modifie-t-il un adjectif et en ajoute-t-il un autre. M. Puybaraud se contentait de trouver la fraude de M. Lhermitte *simple* : le journaliste déclare cette simplicité *biblique*. M. Puybaraud parle du préjudice subi par le gouvernement : le journaliste qualifie de *pauvre* le gouvernement ruiné par les fraudes de M. Lhermitte.

Faut-il incriminer la discrétion professionnelle de M. Puybaraud? Accuser le rédacteur d'un aussi terrible rapport de le divulguer avant l'heure, violant les plus élémentaires secrets d'une instruction criminelle, constituerait à l'égard d'un homme revêtu d'un mandat public le plus sanglant outrage. M. Lhermitte repousse avec horreur une telle pensée. Mais pourtant, le fait brutal, matériel, est là : quelqu'un a livré le rapport puisqu'il a paru dans la presse ; ou, si personne ne l'a livré, la presse est venue le prendre : dans le premier cas, quel manque de dignité! dans le second, quel défaut de surveillance !

Et la dernière phrase de l'article équivaut à une signature :

Aucun inspecteur ordinaire ne s'était aperçu de ces agissements ; il a fallu un inspecteur général, M. Puybaraud, pour s'en rendre compte et découvrir le pot aux roses.

Une infamie vaut bien un remerciement (1).

Toute l'année 1892 fut employée par un expert à

---

(1) Je n'entends critiquer ici en aucune façon le rôle du rédacteur du *Rappel*. Il a fait son métier de reporter. Il a pu se procurer un document officiel pour le publier. C'était son droit et son devoir. Mais à quels dangers ne sommes-nous pas exposés tous les jours dans la presse? Cet exemple le prouve. Les malandrins officiels escomptent à l'avance notre curiosité, notre désir de savoir, notre besoin d'être informés et de comprendre avant l'heure. Et malheur à qui se laisse prendre à leurs appâts, on l'emploie, sans qu'il s'en doute, aux plus sales besognes !

rechercher, pour le compte de la justice, les prétendus faux commis par M. Lhermitte. Il ne trouvait
naturellement rien. De temps à autre, il mandait à
son cabinet M. Lhermitte ou son fils, et leur retra-
çait les périls d'une instruction judiciaire :

— Vous savez à quels ennuis vous vous exposez ;
quand on est dans les griffes de la justice, on ne
sait jamais quand et comment on en sortira. Vous
serez sali par toute la presse, vous irez sur le banc
des accusés...

M. Lhermitte, qui, l'événement l'a montré, avait
de bonnes raisons pour ne pas craindre le banc des
accusés, opposait un calme imperturbable à ces
insinuations dont il était aisé de comprendre l'arrière-pensée : toutes ces effrayantes procédures
n'étaient-elles pas la parade et la riposte de l'Administration au coup droit que lui avait porté
M. Lhermitte en intentant son procès à la barre du
Conseil de Préfecture ?

— « *Le banc des accusateurs sera celui des accusés* (1) », répliquait M. Lhermitte à l'expert ; après

(1) Dans *son* interrogatoire du 9 février 1892, mon père avait fait cette
déclaration au juge d'instruction : « S'il m'est démontré que mon agent ou
les détenus comptables ont fait des erreurs, je suis prêt à les réparer de
mon argent. » (Style du greffe.) Un cautionnement de 100.000 francs était
déposé à la Caisse des dépôts et consignations. L'Administration ne peut
donc prétendre avoir jamais couru aucun risque.

Lorsque mon père fut convoqué chez les experts, je m'y rendis, et là, en
présence d'un témoin, je fis à M. Ancel la déclaration que mon père avait
déjà faite au juge d'instruction, en soulignant l'imbécillité de l'accusation,
étant donné le dépôt du cautionnement. On ne voit guère, en effet, un
homme s'amuser à voler 15.000 francs pour en perdre 100.000. M. Ancel
m'engagea à aller faire cette déclaration au Ministère. Je le regardai en

l'audience, toute la presse sera avec nous, car la vérité éclatera ; s'il y a des erreurs dans la comptabilité du Dépôt, si cette comptabilité est un tissu d'inexactitudes, un galimatias, un embrouillamini où nul ne peut se reconnaître, en suis-je responsable ? Ce sont les écritures des fonctionnaires ignorants ou coupables qu'il faut expertiser !...

Le 6 avril 1892, le gérant de M. Lhermitte au Dépôt lui adressait la communication suivante :

Je vous envoie une carte de l'expert chargé de la vérification du contrôle nominatif, M. Ancel, 13, rue de Trévise. Cette carte m'a été remise par l'employé chargé de ce travail. Si vous avez besoin des services de ce dernier, il se mettra à votre disposition. De plus, son patron, M. Ancel, est son ami.

Quel service pouvait bien vouloir rendre à M. Lhermitte l'employé vérificateur, sinon de véri-

souriant. Il insista, me disant que le ministre retirerait sa plainte. C'est alors que je lui répondis : Jamais ! L'Administration a voulu une affaire criminelle, elle aura une affaire criminelle, et je n'entends point intervenir par quelque moyen que se soit pour arrêter l'instruction. J'ai fait cette déclaration à la justice parce que je devais la lui faire. Rien de plus. J'ajouterai seulement, pour vous renseigner, que je suis très tranquille sur l'issue de ce procès : « A l'audience, le banc des accusateurs sera le banc des accusés. »

Le jour de l'audience, le 12 mai 1894, j'étais dans la salle des témoins, attendant d'être appelé, lorsque M. Ancel sortit du prétoire. Il venait d'être quelque peu malmené par M. Bulot, qui le renvoyait chercher les pièces par lui soustraites du dossier. Je l'interpellai brutalement et lui rappelai mon mot : « Le banc des accusateurs sera le banc des accusés. » Il rougit. Et partit précipitamment chercher ses pièces. Quand il revint, moins d'une heure après, la débâcle de l'accusation était consommée, sans que j'aie eu à intervenir pour dire tout ce que je savais.

fier la comptabilité fantastique du Dépôt, de manière à en faire éclater les bizarreries lamentables ? (1)

Ce service, l'employé vérificateur ne le rendait pas vite, car il vérifia une année entière sans aucun résultat.

C'est le 5 décembre 1892 seulement que M. Ancel joignit ses efforts à ceux de son préposé et tenta de vérifier lui-même.

Le 12 septembre 1893, dix mois après, il déposa enfin son rapport !

Si le rapport avait été long à rédiger, sans doute estima-t-on qu'il était plus court d'y répondre, car on n'accorda à M. Lhermitte que quinze jours pour le réfuter ; encore fallut-il l'insistance de son avocat.

Curieuse coïncidence : le rapport des experts est daté du 12 septembre 1893 ; or, juste au même instant, s'ouvre contre M. Lhermitte une nouvelle instruction criminelle pour une prétendue falsification de denrées à la maison de Nanterre.

Quel luxe d'accusations terribles contre l'homme qui vous fait un procès ! Et, lorsqu'un entrepreneur discute un cahier des charges, quelle étrange façon de répondre à ses mémoires que d'appeler à la rescousse la police et le parquet !

Les résultats de l'interminable expertise dont on vient d'indiquer l'inutile effort se trouvant par trop

---

(1) On voulait tout simplement nous faire chanter ou nous tendre un piège. Ma première entrevue avec M. Ancel est, en effet, du 25 juin 1892, et la carte de son employé, du 6 avril précédent.

3.

faibles pour permettre l'espoir d'une condamnation, il n'était pas maladroit de corser le dossier qui passerait sous les yeux du jury de la Seine en l'enrichissant d'un casier judiciaire.

On y prit la peine. Les fournitures que faisait M. Lhermitte à la maison de Nanterre avaient été jusqu'alors irréprochables. Elles devinrent tout à coup détestables : le saindoux fut falsifié ; les pois secs furent avariés, enfin — comble d'horreur — on constata que le gruyère était fait avec du lait *partiellement écrémé*.

Une administration qui aurait poursuivi seulement, sans parti pris, la correcte exécution du cahier des charges se serait conformée à ses prescriptions. Elle aurait reçu les marchandises au moment de leur livraison. Elle les aurait examinées, soumises au laboratoire si elle l'avait désiré, et finalement refusées. C'était la règle. Et M. Lhermitte n'avait jamais cherché à s'y soustraire. Au contraire. Il comprit trop tard, hélas ! qu'il avait eu le tort de ne pas l'imposer.

Le 16 février 1894, la huitième chambre correctionnelle le condamna.

Comment l'aurait-il jamais pu supposer ? Avant d'acheter ses marchandises, il avait tenu à ce qu'elles fussent soumises au laboratoire municipal. Le vendeur lui assura l'avoir fait ; ou le vendeur le trompa, ou le laboratoire municipal reconnut mauvais en septembre 1893 ce qu'il avait déclaré bon en novembre 1892 au moment de l'achat. Dans les deux cas, où trouve-t-on la responsabilité du condamné ? (1)

L'acquittement semblait à tous une évidence... mais à quoi bon discuter ? De toutes les réparations M. Lhermitte a obtenu la plus frappante : une grâce, qu'a pu désirer l'affection des siens, mais à laquelle sa dignité de vaincu impénitent ne voulut jamais songer, est venue, le 5 juin 1895, le trouver à l'étranger où il avait fui une condamnation repoussée par sa conscience. (2) Sont-ils nombreux, les condamnés graciés dans ces conditions ?...

(1) Le substitut qui occupait le siège du ministère public à la chambre des appels correctionnels (M. Laffont), la trouva dans ces deux faits :

1° Que M. Lhermitte avait fait en 1892 un marché de saindoux à livrer sur une année au prix de 98 francs, alors que cette marchandise valait un an plus tard 150 francs, par suite de l'agiot des maisons américaines. Il soutint que M. Lhermitte avait fait des bénéfices considérables (58.968 francs sur un marché de 9.300 francs), et *illégaux*, alors que mon père, en prévision des droits de douane nouvellement votés par la Chambre, s'était simplement couvert en temps opportun, pour effectuer les fournitures qu'il avait à livrer. Depuis 10 ans, 1884-1894, les saindoux valaient 82 ou 83 francs. Mon père tint compte des droits de douane et acheta 98 francs. Voilà sa fraude.

2° Que M. Lhermitte était un habitué des couloirs des juges d'instruction, un échappé de la cour d'assises : « A Paris, que de réclamations ! et M. Lhermitte pourrait-il oublier vraiment tout le temps qu'il a hanté ces dernières années 1892-93-94, des cabinets d'instruction variés, la cour d'assises qui l'a, c'est très vrai, acquitté, la correctionnelle enfin où il est resté ? Peu d'honnêtes gens sûrement se peuvent piquer d'aussi belles relations avec la justice ! »

Cela suffit à juger l'impartialité de l'homme. Si la robe fait le magistrat c'est la conscience qui fait le juge !

(2) Mon père s'est toujours refusé à signer un recours en grâce. En juin 1895, notre avocat, Me Chaulin-Servinière, insista pour que je l'accompagne à la direction des Grâces. Je me rendis à son désir. On me promit que si mon père rentrait en France il serait gracié. Je répondis par ces simples mots : « Faites ce que vous voudrez, mais mon père ne rentrera en France que mort ou libre ».

IV

Sont-ils nombreux aussi les accusés acquittés dans les conditions où, le 12 mai 1894, M. Lhermitte sortit de la cour d'assises sur les réquisitions et — suivant l'expression même des journaux du temps — avec les excuses du ministère public ?

On semblait, dans un certain monde, assuré de cette condamnation si ardemment désirée, si âprement élaborée.

— « **Je veux une condamnation, j'aurai une condamnation** », s'écriait en présence de témoins, M. Puybaraud impuissant à calmer un espoir qu'il prenait pour une certitude.

Le propos me fut immédiatement rapporté par M. Courtin, commis-greffier au Dépôt, près la Préfecture :

— « Voudriez-vous le répéter à la cour d'assises ? » demandai-je à M. Courtin.

— « Je ne le puis, car je suis fonctionnaire », répondit celui-ci.

— « Mais si je le répète, le confirmerez-vous ? »

— « Absolument (1). »

(1) Voir aux *Annexes*, page 217, note sur l'incident.

Cela se passait dans la salle des témoins.

Je n'eus pas le temps de répéter au jury de la Seine ce propos et bien d'autres qui l'eussent édifié : l'acquittement foudroyant qui intervint coupa court à maintes confidences judiciaires qui n'auraient manqué, à coup sûr, ni d'imprévu, ni de piquant.

Que penser également d'un propos tenu par un autre fonctionnaire qui disait à un de ses employés partant pour l'audience :

— « Allez entendre prononcer une condamnation à quinze mois de prison qui ne vous fera pas moins de plaisir qu'à moi. »

On le voit, c'était *un plaisir* que s'étaient préparé, par une instruction de deux ans, certains administrateurs !

On se souvient de la menace proférée par M. Herbette : quelle étrangeté ! et comme les événements justifiaient le propos menaçant !

Tout s'enchaînait d'une sorte admirable. La condamnation correctionnelle (16 février 1894) était comme le lever de rideau de ce drame d'assises qui allait finir en comédie ; et le dieu des coïncidences voulait que l'on choisît juste l'époque de la comparution de M. Lhermitte en cour d'assises pour juger au Conseil d'Etat ses démêlés avec M. Herbette ! Comme si on eût pris à tâche de transformer M. Lhermitte en accusé chaque fois qu'il se révélait accusateur !

L'arrêt du Conseil d'Etat porte la date du

16 mars 1894. Il fut notifié à M. Lhermitte, le 7 mai, cinq jours avant sa comparution devant le jury.

Que de preuves accumulées contre lui ! Quel dossier contre cet homme frappé au correctionnel, condamné par la justice administrative !

Il paraît que l'avocat général lui-même ne doutait pas de la condamnation (1). Cette condamnation, on l'a vu, M. Puybaraud l'exécutait d'avance, l'escomptant en termes bruyants.

La première audience fut réservée aux interrogatoires ; elle ne révéla rien de particulier : on chargeait les accusés, les accusés niaient, chacun gardait ses positions.

Mais la deuxième audience fut un vrai coup de théâtre, et la lumière y éclata avec une violence inouïe.

On avait cité treize témoins à charge. Les principaux étaient :

MM. Puybaraud ;

Flory,
Ancel, experts ;

Meuger, directeur du Dépôt.

M. Puybaraud était l'artisan de toute l'affaire ; il devait donner le principal effort.

Avant lui, la cour avait entendu MM. Flory et

(1) Le 12 mai, après la première audience, au cours de laquelle le président Delegorgue avait procédé hâtivement aux interrogatoires (les trois interrogatoires ne durèrent guère plus d'une heure), M. l'avocat général Bulot déclara à M⁰ Chaulin-Servinière qu'il n'y avait peut-être qu'un coupable mais qu'il y en avait sûrement un : M. Lhermitte.

Ancel, et ces deux témoignages avaient provoqué des incidents décisifs. La déposition de M. Meuger vint donner le coup de grâce à l'accusation qui déjà chancelait.

Voici le compte rendu d'un journal qui n'a pas la réputation de se passionner, du moins contre le Gouvernement, la police et les experts : le *Journal des Débats* (13 mai 1894) :

Le procès de MM. Lhermitte, Petithomme et Mondet-Blanc a eu un dénouement *aussi rapide qu'inattendu.*

A peine l'audition des témoins était-elle terminée, que M. l'avocat général Bulot s'est levé pour demander l'acquittement des trois accusés :

« *Il n'y a eu, a-t-il dit en substance, ni fraudes, ni faux ; mais des irrégularités d'écritures, qui ne sont pas imputables à l'entreprise de M. Lhermitte.* Les accusés ont été, en réalité, victimes d'un système de comptabilité, auquel l'Administration a renoncé depuis. Un verdict de non-culpabilité sera un acte d'excellente justice. »

Quel est donc le mot de **l'énigme?** Pourquoi ces hommes, convaincus de faux par le rapport de M. Flory et par l'acte d'accusation, sont-ils devenus au grand jour de l'audience les victimes d'un mauvais système de comptabilité ?

Les erreurs matérielles avaient été nettement établies par les deux experts, MM. Flory et Ancel. M. Flory, dont l'esprit incline volontiers aux affirmations catégoriques, ne mettait pas en doute l'intention frauduleuse des accusés.

— L'entrepreneur des subsistances du Dépôt, ont-ils dit, reçoit o fr. 595 par jour et par tête de détenu. Pour établir son compte, on doit procéder ainsi : des bulletins sont remis au greffe à l'entrée et à la sortie des détenus. A l'aide de ces bulletins, le commis-greffier porte sur un registre de contrôle le nom de chaque détenu, la date d'entrée, la date de la sortie et le nombre des journées de subsistance. L'entrepreneur dresse, à son tour, ses états récapitulatifs d'après le registre de contrôle. Eh bien, en comparant au registre d'écrou le registre de contrôle et les états, on s'aperçoit que des majorations ont été commises, soit en ajoutant un chiffre à la date de sortie, soit en faussant les additions et les reports, soit en portant des journées de détenus déjà sortis du Dépôt.

— Mais, s'écrient les accusés, aucun faux n'a été commis par nous.

— Sans doute, répliquent les experts. Les faux ont été commis par les détenus. Mais ils travaillaient sous vos ordres et pour votre plus grand profit. On ne commet pas des faux pour l'amour de l'art.

M. Lhermitte insiste cependant :

— Avez-vous, demande-t-il à M. Flory, fait le relevé des bulletins d'entrée et de sortie ?

— Oh ! non, ç'eût été trop long.

— Mais comment pouvez-vous alors établir que l'Etat a souffert un préjudice ?

— Je le prouve par les majorations commises.

M. Lhermitte insiste plus vivement auprès de M. Ancel :

— N'avez-vous pas, lui dit-il, constaté qu'à côté des majorations commises, des erreurs ont été faites au préjudice de l'entreprise ?

— Si, répond l'expert. J'en ai relevé une portant sur six cents journées.

— Ne savez-vous pas que je me suis plaint à l'Administration de cet état de choses ?

— Je sais que vous avez écrit, mais...

M. l'Avocat général intervient avec une grande loyauté.

— Il faut répondre catégoriquement, Monsieur. Avez-vous eu communication de la correspondance de M. Lhermitte ?

— Le fils de M. Lhermitte m'a, en effet, apporté un jour des lettres.

— Y avez-vous fait allusion dans votre rapport?

-- Non.

— Avez-vous versé ces lettres au dossier?

— Non, parce qu'elles m'ont paru tout a fait étrangères à la cause. Elles ne se rapportaient pas aux majorations constatées (1).

— Il faut nous les apporter, Monsieur.

L'expert s'incline et l'on introduit M. Puybaraud, inspecteur général des services pénitentiaires, dont la déposition n'apporte pas grande lumière dans le débat.

Mais cet aride procès s'éclaire enfin avec M. Meuger. le sympathique directeur du Dépôt.

— Je n'ai jamais admis, pour ma part, dit-il, que M. Lhermitte, qui est entrepreneur des prisons depuis quinze ans, et a toujours mérité la confiance de l'Administration, soit brusquement devenu un faussaire. Je puis en dire autant de son comptable, M. Petithomme, et du commis-greffier Mondet-Blanc. La vérité, c'est que **le système de comptabilité employé était absolument impraticable.**

---

(1) Ces lettres avaient tout au contraire une importance capitale. Il en ressortait avec évidence que M. Lhermitte signalait à l'Administration les erreurs dont il pouvait s'apercevoir : erreurs d'additions ou de décomptes, il ne pouvait jamais le savoir, puisqu'il n'avait aucun document de vérification à sa disposition. Ces lettres étaient adressées à son gérant qui avait mission de rechercher d'où provenaient ces erreurs, d'accord avec l'Administration. Cela n'avait qu'un intérêt très relatif puisque le total de l'état nominatif ne pouvait varier, d'accord qu'il devait être avec celui du contrôle numérique, mais cela démontrait la parfaite bonne foi de l'accusé.

Par lettre recommandée, M. Ancel a offert après l'audience à M. Lhermitte de lui restituer ces documents — mais incomplets. M. Lhermitte a refusé.

Nous avons en moyenne, tous les ans, au Dépôt, de 8o à 100.000 détenus qui y font un séjour plus ou moins prolongé. M. Mondet-Blanc établit très exactement les bulletins d'entrée et de sortie. Mais on ne peut songer à lui demander de faire le relevé de ces bulletins pour le contrôle nominatif. *On l'oblige à s'en remettre à des détenus qui font mal leur besogne, non par esprit de fraude, mais pour s'épargner un travail fastidieux et formidable. On·omet des paquets de bulletins et pour arriver juste, on surcharge les chiffres et l'on fausse les additions. Il en est de même pour les états récapitulatifs que les détenus dressent pour M. Petithomme.* **Aucun contrôle sérieux ne peut s'exercer** (1).

Mais la preuve qu'il n'y a pas eu dans ces irrégularités la moindre pensée coupable, c'est que M. Lhermitte est arrivé sensiblement aux mêmes chiffres pour la période incriminée que pour les années précédentes et que la population du Dépôt n'a pas varié.

L'Administration s'est, d'ailleurs, rendu compte que cette comptabilité, par sa complication même, ne pouvait être qu'illusoire, et elle a substitué le système de la régie au système de l'adjudication.

A la bonne heure ! Et c'est une consolation pour des accusés de tomber sur un avocat général qui fait aussi loyalement et aussi galamment son devoir que M. Bulot. Mais n'est-il pas pitoyable qu'on ait soumis d'honnêtes gens au supplice d'une instruction qui a duré dix-huit mois ! Encore est-il heureux que le juge d'instruction, M. Habert, ait consenti à les mettre en état de liberté provisoire.

Sous la signature de M. Louis HUBERT, *le Soleil* résume ainsi la déposition de M. Puybaraud :

(1) Voir aux *Annexes*, p. 219, article *Petite République*, 21 mai 1894.

L'Inspecteur général vient raconter fort longuement à l'audience dans quelles conditions il a découvert les prétendues fraudes.

... Qui était le coupable ? Evidemment celui auquel ces fraudes profitaient, M. Lhermitte, entrepreneur du service, de complicité avec le commis-greffier et son propre représentant, Petithomme.

L'Inspecteur général ajoute que la comptabilité est tellement encombrée au Dépôt, en raison du mouvement considérable qui s'y produit (quatre cents entrées environ par jour), qu'on emploie des détenus à ce travail.

— Mais, demande l'avocat général M. Bulot, est-ce que cette comptabilité ne doit pas être contrôlée par les personnes qui dirigent le Dépôt ?

L'Inspecteur général paraît assez embarrassé et tourne autour de la question sans y répondre directement.

Du *Radical*, 14 mai 1894 :

Il est résulté, en effet, des explications échangées entre eux (les accusés) et divers témoins, notamment avec les experts et avec M. Puybaraud, que dans la comptabilité du Dépôt figuraient, à côté du livre de contrôle nominatif, des *feuilles nominatives* (1), *dont par parenthèse M. Puybaraud ignorait l'existence* et que le total donné par ces feuilles correspondait avec le total des sommes touchées par M. Lhermitte.

Donc, au fond, l'Administration n'avait souffert aucun préjudice.

Du *XIXe Siècle*, 14 mai 1894 :

M. Puybaraud, inspecteur général des prisons, n'a pas osé hier à l'audience défendre le système de comp-

____

(1) Confusion avec les états numériques, dont un exemplaire fut soumis à l'audience même à M. Puybaraud pour le confondre.

tabilité imposé, paraît-il, par lui, à la direction du
Dépôt.

Du *Temps*, 14 mai 1894 :

Que dire de l'instruction elle-même. Elle a duré *dix-
huit mois. On ne s'explique guère comment le magistrat instructeur n'est pas arrivé à découvrir la vérité,
alors qu'à l'audience elle a, pour ainsi dire,* **sauté aux
yeux du ministère public.**

La Justice, sous la signature de Léon Millot :

Il est clair, puisque le ministère public abandonne
les poursuites, que l'innocence des accusés éclatait à
tous les yeux. Mais alors pourquoi avoir attendu
jusqu'à ce jour et n'avoir pas rendu depuis longtemps
une ordonnance de non-lieu ?

La Gazette de France, 15 mai :

Pourquoi, pendant dix-huit mois, a-t-on omis d'interroger les témoins entendus avant-hier ?

Pourquoi ? Comment ?
Ces interrogations anxieuses, ces exclamations
stupéfaites, on les retrouve non seulement dans
toute la presse parisienne, mais encore dans toute
celle de province qui, dans les mêmes termes indi-
gnés ou ahuris, formule la même inquiétude et le
même étonnement.

Cet étonnement, cette inquiétude, l'honorable
organe du ministère public, M. l'avocat général
Bulot, après l'effondrement de l'expertise qui mit

M. Puybaraud en déroute, et la franche déclaration de M. Menger, qui ruinait l'accusation, dut la sentir à un degré inexprimable ; car, la chronique judiciaire le raconte, il fit un signe au président, qui aussitôt suspendit l'audience : les magistrats trouvaient que cette tristesse judiciaire avait assez duré ! Dès que la cour eut repris l'audience, M. Bulot se leva et, en quelques mots décisifs auxquels tous, dans la presse et dans le public, rendirent un profond hommage, il répara, autant que ces choses-là se réparent, les effets d'une calomnie qui avait duré trois ans.

Ces mots décisifs de M. l'avocat général Bulot, tous, sans distinction d'opinion ni de tendance, les entendirent et les transcrivirent de la même façon (1).

La *Gazette des Tribunaux*, du 13 mai, le reproduit en ces termes :

« Vous êtes déjà suffisamment habitué aux usages de « la cour d'assises pour comprendre que, si je ne crois « pas nécessaire d'entendre les autres témoins, c'est « que ma conviction est faite et que j'ai l'intention « d'abandonner l'accusation. **Non seulement je vous « demande d'acquitter les trois accusés, mais « j'ajoute que les faits qui leur sont reprochés ne « leur sont pas imputables, mais résultent de cir- « constances qu'ils ont été contraints de subir.** »

Tous les journaux sans exception transcrivirent dans leurs colonnes ces paroles réparatrices et

(1) Un seul homme les conteste, Mr Bourdeley, avocat de l'Etat.—Il ne croit pas à la sténographie et encore moins à la presse judiciaire.

l'adverbe **rapidement**. Après **deux années** d'instruction, cet adverbe faisait vibrer la hâte un peu fébrile qu'éprouvait le parquet d'effacer sans délai un passé lamentable.

Ce fut un soulagement pour toutes les consciences :

— « A la bonne heure ! s'écrie le *Journal des Débats*, d'habitude moins oratoire mais ici emporté par l'élan universel, c'est une consolation pour des accusés de tomber sur un avocat général qui fait aussi loyalement son devoir que M. Bulot. »

La professionnelle modération du *Temps* (14 mai). n'est pas d'une concision moins nette et moins énergique :

On frémit, dit-il, *en pensant qu'il eût suffi peut-être, d'un avocat général grincheux ou inattentif pour que le poids du réquisitoire vînt s'ajouter à celui du rapport des experts et faire fléchir dans le mauvais sens le plateau de la balance...*

Quant aux émotions qu'ont dû subir les accusés depuis l'ouverture de l'enquête, autant n'en point parler. On nous répondra qu'ils sont acquittés ; et que leur faut-il de plus ? **Acquittés avec excuses du ministère public !** S'ils ne sont pas contents c'est qu'ils ont le caractère mal fait.

Sans doute le moment serait mal choisi pour reprocher à la police ou à la magistrature de prendre leur tâche au sérieux et de défendre avec énergie les grands intérêts dont elles ont la charge. Mais sans vouloir énerver leur action ni à l'une ni à l'autre, il est permis de demander qu'en l'exerçant, elles aient toujours présent à l'esprit le principe qui veut que l'inculpé soit présumé innocent jusqu'à pleine et parfaite démonstration du contraire : *la méthode qui consiste à le présumer coupable, à chercher avec* **passion** *les preuves de la culpabilité, à se contenter au besoin de semblant de preuves, laisse, on en conviendra, fort à désirer...*

Elle conduit à **d'irréparables méprises** ou à de **piteuses mortifications** : *la magistrature doit se féliciter, autant que l'accusé lui-même, d'en être quitte au prix d'une blessure d'amour-propre et de ne pas avoir une erreur judiciaire de plus à se reprocher.*

« Elle conduit à *d'irréparables méprises...* » Hélas ! *l'irréparable méprise* avait eu lieu. N'est-ce pas une *irréparable méprise* que d'accabler pendant trois ans d'honnêtes gens sous le poids de suspicions épouvantables, que de les noyer pendant trois ans sous un flot de calomnies ? Cette idée souleva un cri de réprobation unanime.

Les Débats, 13 mai 1894 :

N'est-il pas pitoyable qu'on ait soumis d'honnêtes gens au supplice d'une instruction qui a duré dix-huit mois (1) ?

Le Soleil, 13 mai :

Cela ne fait rien, les acquittés doivent trouver bien mauvaises les poursuites dont ils ont été l'objet et qui leur ont fait certainement un tort dont la justice ne leur accordera aucune réparation.

----

(1) Elle dura exactement 31 mois, octobre 1891-mai 1894.

Le XIXe Siècle, 14 mai :

Que dire maintenant ! Où ces trois hommes trouveront-ils l'exacte compensation du préjudice subi, des longues angoisses, des tortures morales à eux infligées ?

La Petite République, 15 mai :

Ainsi voilà des gens qu'on a désignés à la réprobation publique, voués à la sempiternelle suspicion. On a entravé leurs affaires, ruiné leurs espérances, troublé la paix de leur vie. On les a traînés en cour d'assises entre deux gardes municipaux, et l'on a pris bien soin de ne leur adresser la parole qu'en faisant précéder leur nom de l'épithète d'accusé. Alors la lubie justiciarde, qui a duré deux ans, prend fin tout à coup. On dit très poliment aux trois inculpés :

— Messieurs, nous nous sommes trompés. Allez vous-en, ce sera pour une autre fois.

Et le préjudice causé, et le temps perdu, et la réputation salie ?... Les braves gens doivent s'estimer heureux de n'avoir pas été condamnés. C'est charmant.

La Gazette de France, 15 mai :

La justice n'accordera à ses victimes d'autre réparation qu'un tardif acquittement.

Paris, 15 mai, sous la signature de Maxime PAZ :

N'y a-t-il pas là un nouvel exemple d'erreur judiciaire à réparer ? Ne va-t-on rien faire pour ces hommes qu'on a frappés injustement ? Ces trois années de misères et de souffrances morales devraient, il me semble, compter

4

double comme des années de campagne. Nous espérons qu'on ne s'en tiendra pas à de vagues regrets et à de bonnes paroles en attendant que des réformes ne permettent plus de laisser pendant trois ans des affaires urgentes sans solution !

L'Intransigeant, 15 mai :

Les victimes ne seront nullement indemnisées, et si, comme c'est probable, ce scandale a son dénouement, ce sera par un autre scandale. C'est la seule réparation que nous entrevoyons de cet incroyable déni de justice.

L'Autorité, 15 mai, sous la signature de M. Gabriel BEAUME :

Des excuses ont été faites aux trois accusés.

Elles leur étaient bien dues ; le public estimera qu'elles sont bien insuffisantes.

Pensez donc que ces trois malheureux ont subi dix-huit mois de tortures morales, de déshonneur !

Comment répare-t-on cela !

Le XIXe Siècle, 16 mai, sous la signature de Thomas GRAINDORGE :

S'il fallait une dernière leçon de choses pour démontrer l'insuffisance du projet de loi sur les « erreurs judiciaires » que le Sénat vient de renvoyer à la Chambre après l'avoir revu et considérablement amoindri, nous

la trouverions dans l'affaire « des Fraudes du Dépôt »
que GERVASY exposait hier aux lecteurs du *XIXe Siècle*.

La police reconnaît la nécessité de réparer les
dommages qu'elle a causés ; et la justice, « l'excellente
justice, » comme dit M. Bulot, pour toute compensation,
consent à reconnaître, quelquefois, qu'elle a pu avoir
tort !

Pourquoi serait-elle seule inviolable, et quelle loi peut
la placer au-dessus des lois ?

Si l'on veut réduire le nombre d'erreurs, rendre les
experts moins « légers », les juges d'instruction plus
prudents et plus expéditifs, il faut que les magistrats
n'échappent pas à la loi commune.

La Justice, 17 mai, sous la signature de M. Léon
MILLOT :

La Chambre va bientôt discuter le projet de loi sur
les erreurs judiciaires, retour du Sénat. On sait qu'il
consacre le principe d'une indemnité pécuniaire en
faveur des victimes de la justice. Mais la loi n'a pas
d'effet rétroactif. Pourtant l'acquittement de samedi ne
suffit pas, et il faut qu'on trouve le moyen de réparer
le préjudice causé à des hommes innocents qui, pendant
trois ans, ont porté le poids d'une accusation infamante
et dont l'un, dépossédé de son gagne-pain, a été réduit
à la dernière misère.

Voilà qui ne préoccupa jamais nos gouvernants.
En fait de réparation, l'État refuse à M. Lhermitte
non seulement le paiement de ce qu'il lui doit, mais
encore il lui conteste le droit de contrôle. Il entend

et il exige que les experts ou les juges — peu lui chaud — homologuent sans vérification possible, en dehors de son adversaire, le rapport des experts au criminel et le rapport de M. Puybaraud.

Quelle suite donnée aux éloquentes réclamations de la presse unanime! Oh! ironie des réponses administratives!

V

Pour goûter toute la saveur de cette ironie, il est indispensable de mettre en regard l'acte initial de la procédure administrative actuelle et le rapport de MM. Ancel et Flory, experts. Rien n'est plus facile. Ils se confondent.

A peine le jury de la Seine a-t-il rendu son verdict — verdict qui déclare que M. Lhermitte, accusé de faux en écritures publiques, n'est pas coupable des crimes qui lui furent imputés — que l'Administration dresse de nouvelles batteries pour prendre sa revanche.

Si le verdict, dit-elle, efface la criminalité des actes de M. Lhermitte — ou du moins, des actes qu'on lui reprocha — il n'en efface pas la matérialité. Et sans perdre un instant — le 8 juin 1894 — elle transporte le rapport des experts au criminel au greffe du Conseil de Préfecture.

Voici l'acte introductif d'instance :

M. Lhermitte, adjudicataire des maisons d'arrêt de justice et de correction (1re circonscription pénitentiaire) a introduit, le 2 février 1891, contre l'Etat, devant le Conseil de Préfecture de la Seine, une instance en interprétation du cahier des charges, ainsi qu'en règlement de comptes et en indemnité.

D'autre part, M. Lhermitte, avec d'autres personnes qui *étaient ses comptables*, a été l'objet de poursuites exercées sur la plainte du Préfet de Police, à la requête du Ministère public, pour fraudes commises au Dépôt, près de la Préfecture de Police, dans le décompte des journées de détention. *Le jury a écarté l'intention frauduleuse et, dans ces conditions, les accusés ont été acquittés; mais il ne ressort pas moins* **du rapport des experts,** *commis par le juge d'instruction pour vérifier la comptabilité, et il est ressorti* **de l'ensemble des débats** *qu'il y a eu* **préjudice causé à l'Etat** *par le fait de prix de journées de détention indûment perçues.*

En effet, **les conclusions du rapport des experts sont ainsi conçues :**

Il ressort des constatations que nous avons opérées en exécution de votre ordonnance, Monsieur le Juge d'instruction, et qui font l'objet du présent rapport :

1° Que des majorations sur le nombre des journées des détenus ayant séjourné au Dépôt, près de la Préfecture de Police, ont été opérées sur les livres de contrôle nominatif, tenus dans cet établissement pénitentiaire ;

2° Que ces majorations ont été commises tant au moyen de fausses mentions de dates d'entrées et de sorties des détenus, que par des fausses inscriptions dans les décomptes et dans les additions apposées sur lesdits livres de contrôle ;

3° Que ces fausses mentions ont été reproduites sur les états *mensuels* et *trimestriels* fournis par l'entrepreneur à l'appui de ses demandes de paiement et des mandats qui lui étaient délivrés et dont il touchait le montant à la Caisse du Trésor public ;

4° Que toutes ces *falsifications* ont amené la surélévation *frauduleuse* des quantités *(sic)* de journées inscrites sur les livres du contrôle nominatif ;

5° Que le sieur Lhermitte, entrepreneur, a profité de toutes ces majorations, en se faisant payer en plus de ce qui lui était réellement dû par le Trésor public, *une somme totale de* **13.875 fr. 99** *sans tenir compte des majorations sur les journées de détenues, filles publiques,* **qui n'ont pu être suffisamment constatées** *et qui représenteraient une somme de* **4.490 fr. 17.**

Dans ces conditions, l'Administration conclut à ce qu'il plaise au Conseil de déclarer l'Etat demandeur reconventionnellement, dire qu'il sera fait état des sommes dues à l'Etat par le sieur Lhermitte, et qu'elles viendront en compensation dans le cas où celui-ci serait déclaré recevable pour certaines de ses demandes.

Mot pour mot, le rédacteur de ces conclusions a copié les conclusions du rapport des experts. Tous les dires, les expressions mêmes s'y retrouvent, y compris l'adjectif **frauduleux** qui qualifie passionnément le substantif **falsification** ; l'ardeur du style fait oublier à l'auteur du mémoire le verdict de la cour d'assises ; il lui fait oublier cette phrase décisive de M. l'Avocat général :

Tout à l'heure, le directeur du Dépôt vous disait avec une très grande franchise que bien avant qu'on eût soupçonné, **je ne dirai pas les fraudes,** puisque j'estime qu'il n'y en a pas, mais **les erreurs...**

(*La Gazette du Palais,* 17 mai 1894.)

L'oubli est bien complet : il va jusqu'à permettre à l'auteur du mémoire d'invoquer contre M. Lhermitte *le rapport des experts et l'ensemble des débats.* Il faut une grande audace ou un aveuglement étrange pour recourir à de tels arguments.

La presse nous a déjà renseigné sur *l'ensemble des débats.* Elle nous a montré M. Puybaraud embarrassé, gêné et dans l'impossibilité de défendre son système d'accusation, niant effrontément l'existence d'une partie de la comptabilité. Demandons maintenant aux chroniques judiciaires du temps de nous renseigner sur les experts :

Les Débats, 14 mai 1894 :

Il n'est pas survenu à l'audience, disent-ils, un de ces incidents nouveaux qui changent brusquement la physionomie d'une affaire. Seulement, il a paru que les magistrats qui avaient eu successivement à requérir et à statuer sur la prévention et la mise en accusation s'en étaient rapportés avec une confiance trop absolue aux conclusions des experts, lesquels auraient *conclu* un peu *trop légèrement* et *après une étude incomplète des pièces soumises à leur examen.* S'il en est ainsi, ce qui vient de se passer à la cour d'assises ne peut pas manquer d'appeler l'attention sur la manière dont se font les expertises judiciaires, et sur le plus ou moins de soin que les magistrats apportent à les diriger et à les contrôler. Il est tout à fait surprenant que **les négligences et les omissions** qui ont produit une si forte impression sur l'esprit de l'avocat général aient été remarquées pour la première fois à l'audience, et que ni le

magistrat instructeur, ni les magistrats du ministère
public en dressant leurs réquisitions écrites, ni la
chambre des mises en accusation avant de rendre son
arrêt, n'y aient prêté la moindre attention. Peut-être
cela vient-il de l'habitude prise par les magistrats,
lorsqu'ils sont en présence de questions un peu spéciales et notamment de questions de chiffres et de
comptabilité, de laisser les experts procéder et décider comme ils l'entendent, et de contresigner purement et simplement leurs conclusions (1). On comprend
bien que les magistrats ne puissent avoir une science
encyclopédique et qu'ils aient besoin, dans bien des
cas, de faire appel aux lumières des hommes compé-
tents ; mais ce doit être pour éclairer leur propre jugement et non pour se dispenser de juger et pour déléguer
leurs pouvoirs à des experts qui leur dictent leurs
réquisitions, leurs ordonnances et leurs arrêts. Il est
vrai que, dans le cas dont il s'agit, les experts n'ont
pas eu le dernier mot. Devant la cour d'assises, leurs
opérations et leurs **conclusions** ont été **discutées,
critiquées, infirmées** aux yeux de l'avocat général
qui, avec raison, nous devons le supposer, n'a plus
trouvé la base de son accusation. Cela est fort bien.
Mais n'aurait-on pas pu y regarder d'un peu plus près
un peu plus tôt ?

Ainsi, « les conclusions des experts ont été
*discutées, critiquées, infirmées aux yeux de l'avocat
général* » et, ces conclusions, le mémoire de l'Etat
s'en fait un élément de preuve !

(1) On trouvera aux *Annexes* la réponse de M. Lhermitte au rapport des
experts. C'est la réponse d'un homme qui juge l'affaire d'après l'instruction. Il
ne la connaît pas autrement. Le juge ne l'a pas interrogé à ce sujet. Et la
réponse des experts ne lui a pas été communiquée pour qu'il y puisse répondre.

Le Temps, 14 mai 1894, releva, lui aussi, en ces termes toute l'énormité du travail des experts :

Interrogé sur l'usage qu'ils avaient fait de certaines lettres favorables aux accusés, l'un des experts en écritures, dont le rapport servit de base à la prévention, a déclaré qu'il ne les avait pas lues et qu'il ne les avait pas même versées au dossier. L'autre expert, à qui l'on demande s'il a procédé à une certaine vérification très utile, répond simplement : « Oh, non ! c'eût été trop long ! » *Ne semble-t-il pas qu'il y ait là l'indice d'une disposition un peu trop marquée, chez ces auxiliaires utiles de la justice, à se transformer en accusateurs publics ?* Sans doute leur métier n'est pas de ceux qui enseignent à voir l'humanité en beau; mais à supposer qu'ils aient, plus que d'autres, l'esprit porté à la défiance et au soupçon, encore devraient-ils y regarder de plus près, de tout à fait près, avant de signer un rapport qui risque de coûter l'honneur et la liberté à un homme.

L'étonnante expertise de MM. Flory et Ancel provoqua dans toute la presse les plus amères réflexions.

L'Eclair, 15 mai :

Voulez-vous vous faire une idée du soin avec lequel a été conduite l'information ! On avait remis aux experts en écritures, pour en désigner l'auteur, des lettres d'une importance telle qu'elles suffisaient à faire tomber l'accusation. Les deux experts sont interrogés : l'un déclare que, n'ayant pas examiné ces pièces, il n'a pas cru devoir les verser au dossier; l'autre, qu'il avait bien songé à les vérifier, mais que « c'eût été trop long ». **Convenez que ces auxiliaires de la justice sont bien étonnants.**

La Lanterne, 15 mai :

La magistrature, pour la circonstance, avait cru devoir recourir aux lumières d'experts spéciaux auxquels elle avait confié le soin de vérifier la comptabilité des accusés et d'étudier le dossier. **Or ces experts n'ont rien étudié, rien vérifié.** On parle à l'un d'eux de lettres favorables aux accusés qui ont dû passer sous ses yeux et qu'on s'étonne de ne pas voir mentionnées dans son rapport. Quelles lettres? répond-il. Et il avoue ingénument qu'il ne les a même pas lues. *Pour cet auxiliaire assermenté de la justice,* **il n'y a que les pièces défavorables à l'accusé qui comptent; le reste n'existe pas.**

Son collègue est du même tonneau. A celui-là on demande : avez-vous procédé à telle vérification qui aurait fait ressortir l'inanité de l'accusation. — Oh! non! s'écrie-t-il, dans un bel élan de cœur, c'eût été trop long. Cependant, en dix-huit mois, il semble qu'on ait le temps de vérifier un dossier si volumineux qu'il soit.

Et voilà entre quelles mains sont placés notre liberté, notre fortune et notre honneur ? Voilà comment trois innocents ont pu rester dix-huit mois sous le coup d'une accusation infamante !

Encore doivent-ils s'estimer heureux d'avoir eu derrière eux tout un long passé d'honneur qui rendait cette accusation invraisemblable et d'avoir trouvé, sur le siège du ministère de la justice, un magistrat disposé à reconnaître que la magistrature pouvait se tromper quelquefois.

Mais qu'on suppose un pauvre diable aux antécédents douteux, travaillé par un de ces avocats généraux pour qui la justice est infaillible et qui ne lâchent pas le morceau, quand une fois ils le tiennent. Son compte

était bon : cinq ans de travaux forcés, à moins toutefois que ce ne fût dix ans.

L'*Autorité*, 15 mai :

Il y a eu des révélations inouïes à l'audience...
Un expert ayant négligé de faire une vérification très
utile déclare simplement que « c'eût été trop long ! »
Bref *la prévention s'est effondrée d'elle-même...*

Voilà le rapport des experts ! Et c'est le document capital, — on peut dire le seul — sur lequel
repose la reconvention de l'Etat. L'Administration
ne veut pas en produire d'autre. Elle refuse depuis
1898 de fournir aux nouveaux experts les pièces
comptables qui permettraient de se livrer au moindre contrôle.

N'est-ce pas là une preuve dernière la plus vive
et la plus frappante de cette incroyable **passion**
avec laquelle, pour rappeler l'article du *Temps*, on
avait cherché les preuves d'une culpabilité absente ?

Quel souffle de rancune avait donc animé tout ce
procès ?

Quelle erreur ou quelle colère avait dicté ce
rapport au bas duquel M. Puybaraud mettait sa
signature, ce rapport que, le 12 mai 1894, un mot de
l'avocat général faisait rentrer dans le néant, mais
qui, six mois auparavant, divulgué par des indiscré-
tions monstrueuses, avait partout contre des innocents semé les pires soupçons ?

Ainsi, M. Puybaraud dresse un rapport qui déshonore M. Lhermitte ; ce rapport étroitement *secret*, paraît textuellement dans les colonnes des journaux ; de la sorte, six mois avant l'audience, il couvre un accusé de faux d'une honte anticipée ; il l'attaque et le diffame : un avocat général lui ferme la bouche ; et on ose aujourd'hui le reprendre sous forme de reconvention !

C'est incroyable.

Oui ! n'a-t-on pas raison de dire qu'on poursuit avec « **passion** » la condamnation sous n'importe quelle forme de quelqu'un qu'on sait innocent ?

DEUXIÈME PARTIE

LA COUR DES MIRACLES

1894-1905

> *L'autorité, Messieurs, voilà le grand
> mot en France. Ailleurs on dit la
> loi, ici l'autorité.*
>
> P.-L. COURRIER.
> *(Pétition aux Chambres.)*

DEUXIÈME PARTIE

LA COUR DES MIRACLES

*A Messieurs les Président et Membres
du Conseil de Préfecture de la Seine.*

Messieurs,

Vous vous souvenez peut-être de l'affaire Humbert
qui fit, il y a deux ans, quelque tapage ; car, si peu
disposés que vous soyez à écouter les bruits du
dehors, le scandale fut si retentissant, que les échos
durent en parvenir jusqu'à vous.

Il s'agissait d'une aventurière qui, depuis vingt
ans, escroquait les gogos en dupant les juges.

A ceux-ci elle disait : « Je suis légataire univer-
selle d'une fortune colossale. Cela est si vrai, qu'il
se trouve des héritiers du testateur pour me contester mes droits. A vous de trancher le différend. »
Et, sans se douter le moins du monde que les Craw-
ford étaient aussi imaginaires que le testament, les
juges rendaient des sentences et des arrêts dans la
plénitude souveraine de leur conscience et de leur
sérénité.

Se tournant alors vers les gogos, l'aventurière leur disait : « Je suis riche à millions, vous pouvez me prêter de l'argent sans crainte. J'ai cent millions sous séquestre dans ce coffre-fort qu'il m'est malheureusement défendu d'ouvrir. » Et à l'appui de ses affirmations mensongères, elle montrait les arrêts des juges qui authentiquaient des documents imaginaires et faisaient vivre des personnages légendaires.

L'escroquerie dura vingt années, au bout desquelles on se décida à ouvrir enfin le coffre-fort. Vous savez ce qu'on y découvrit : un sou italien et un lapin blanc.

Eh bien, Messieurs, je me demande si ce n'est pas un procès du même genre qui vous est soumis aujourd'hui. Je n'ose pas encore vous dire qui joua le rôle des Crawfords, mais il vous apparaît dès maintenant, comme à moi, à qui revient le rôle de Mme Humbert. Il est tenu à cette barre même par un représentant officiel de l'Etat, agissant au nom et pour le compte de M. le Ministre de l'Intérieur.

Mme Humbert disait aux jurés : « Attendez jusqu'à la fin des débats, et je vous dirai où sont les millions. Je ferai la preuve qu'ils existent, de même que les Crawfords. »

Il vous dit, lui, et cela depuis quinze ans : « Attendez la fin des débats, et je vous ferai la preuve que M. Lhermitte est un voleur, qu'il nous doit 13 ou 18.000 francs, — suivant l'heure. Je vous mon-

trerai la comptabilité du Dépôt près la Préfecture.
Je vous apporterai les preuves matérielles des faux
ou des erreurs qui ont été commis. »

Et depuis quinze ans la procédure suit son cours,
les conclusions succèdent aux conclusions, comme
les années aux années, sans que, nouvelle sœur Anne,
la justice n'ait jamais rien vu venir. Dès qu'approche
le moment opportun, la minute fatale, les promesses
du représentant de l'Etat s'évanouissent, comme
s'évanouissaient, hélas ! celles de Mme Humbert. Et
M. Lhermitte, accusé depuis quinze ans, de faux en
écritures publiques, se trouve toujours en présence
d'un fantôme de crime, dont il lui est d'autant plus
difficile de pénétrer le mystère que ses adversaires
sont impuissants à le préciser.

Je vous vois sourire, Messieurs. Vous vous dites
sans doute que j'exagère. Cela ne m'émeut plus,
habitué que je suis depuis longtemps à entendre
proclamer, par mes adveraires, que je suis atteint de
la folie de la persécution. C'est là, vous ne l'ignorez
pas, un procédé fort en usage pour supprimer les
gêneurs. Pour les calmer, on crie par-dessus les
toits qu'ils sont atteints de folie, et que s'ils ne se
résignent à se taire, on les fera enfermer. Le truc
n'a pas réussi. Fou ou non, souffrez donc qu'une
minute au moins avec vous je raisonne. Vous me
jugerez ensuite sur des preuves.

Il y a quinze ans que l'affaire dure. Et nous sommes
toujours en première instance. C'est un fait.

Le premier acte de procédure est signé de M. Puybaraud, avec lequel disparut, vous le savez, quelques-uns des plus terribles adversaires de l'ordre et de la société : vieux Polonais et autres qui se réveillaient toujours, en temps opportun, pour menacer le monde de le réduire en ruines et justifier ainsi, à la dernière heure, des mesures de police non moins scandaleuses que préventives.

Cet acte de procédure porte la date du 27 octobre 1891. M. Charles Lhermitte, que je représente ici, et dont je m'honore d'être le fils, y est accusé de faux en écritures publiques.

Qu'a-t-il fait ? Cela, nous dit M. Puybaraud, est d'une « simplicité biblique ». Fournisseur du Ministère de l'Intérieur, il a, de complicité avec un de ses employés M. Petithomme, et un agent de l'Administration, M. Mondet-Blanc, majoré les livres de comptabilité de la prison du Dépôt près la Préfecture, à Paris.

Les preuves sont là, flagrantes. Regardez-les :

Il a acheté le concours de détenus en leur donnant, en gratification — avec l'autorisation de l'Administration, ce qu'on ne dit pas, et peut-être sur sa demande, ce qu'on ne veut pas savoir — une gobette de vin chaque fois que ces détenus passaient la nuit entière à faire des chiffres. Une gobette de vin pour une nuit de travail. Excès d'humanité !

Il a soudoyé l'agent comptable M. Mondet-Blanc, en l'aidant à faire vendre en Bourse — et ce, sur

l'intervention du directeur de la prison — quelques
valeurs dont il venait d'hériter. Complaisance
regrettable. Collusion !

Quant à son employé, M. Petithomme, c'est pis
encore. Il s'est trouvé qu'en janvier 1891, M. Petithomme est tombé malade sur la voie publique en
rentrant le soir à son domicile, du côté de Pantin.
Des passants l'ont relevé et reconduit. Quels étaient
ces passants ? On l'ignore. Pendant quinze jours
M. Petithomme est demeuré entre la vie et la mort.
Il s'est aperçu alors qu'il avait perdu son porte-
feuille contenant environ 1.500 francs, c'est-à-dire
le montant de la caisse confiée à ses soins. Et
M. Lhermitte ne l'a pas poursuivi. Crime impar-
donnable ! Il s'est contenté de le remercier.

Voilà l'échafaudage des preuves matérielles éta-
blissant la complicité.

Passons au crime. Il est non moins simple.

Tout d'abord, il est admis que M. Lhermitte n'y a
pas participé. Il a fait agir ses complices. Les faux
ne sont pas son œuvre personnelle. Il en a seulement profité.

Comment procédait-on ? Voici.

M. Lhermitte était réglé de ses fournitures à
raison d'une somme fixe et déterminée — en l'espèce
o fr. 595 — par journée de présence de détenus
dans la prison. Un contrôle officiel, administratif,
existait à cet effet à l'entrée et à la sortie de l'établissement. Ce contrôle — à peine de répression

sévère — devait être tenu par les agents de l'Administration. C'est la loi. Il ne l'était pas. C'est le fait. Ce contrôle était confié à des détenus. Première faute. Faute de l'administration, cela s'entend.

Dès lors on aperçoit le système de l'accusation. Pour encaisser davantage, M. Lhermitte faisait modifier les dates d'entrée et de sortie des détenus et de temps à autre ajouter quelques queues aux zéros.

Mais la preuve direz-vous ? Elle était là matérielle, indéniable, certaine.

C'est une grave erreur, en effet, de croire que les malfaiteurs entrent dans les prisons aussi facilement que les policiers et les huissiers chez les honnêtes gens. Et je ne parle pas ici de ceux qui se soustraient aux sévérités de la justice. Non pas. J'entends parler seulement de ceux qui veulent être emprisonnés, de ceux qui commettent des délits parce qu'ils ont faim, et qui viennent, comme criminels, réclamer ensuite à la société le droit à la pitance qu'elle leur refusait comme miséreux. Ils sont des milliers comme cela. Chacun sait aujourd'hui, par exemple, que, jusqu'à ces derniers temps, les prisons de la Seine en abritaient près de 3.000 chaque jour, puisque dès l'ouverture de la maison de retraite de Nanterre il se réfugièrent dans cet asile et la population des établissements pénitentiaires de Paris diminua d'autant.

Voici donc des « malfaiteurs » avérés. Ils veulent profiter du courage qu'ils durent déployer pour commettre leur larcin. Ils réclament leur dû. Ils ont faim. Ils veulent entrer dans la géhenne pénitentiaire. Ils viennent frapper à la porte du Dépôt près la Préfecture de police, la seule qui donne accès à toutes les prisons de la Seine. Ils déclarent leur crime. Ils affirment qu'ils ont volé, injurié les agents de la force publique, cassé les vitres d'un ministère ou qu'ils vont de ce pas assassiner M. Loubet. Peine perdue. Devant eux, la porte demeurera close. Ils ne pénétreront pas.

De même que pour arriver à la sainte table le clergé exige de ses fidèles un billet de confession, de même pour arriver à la table commune où les malheureux se viennent confondre avec les malfaiteurs, la société exige de ses convives un billet du même genre. Qui le délivre? Le commissaire de police s'il s'agit d'un flagrant délit. Dans tous les autres cas, un juge d'instruction. Et les mêmes formalités sont exigées pour la sortie :

Bulletin d'entrée daté! Bulletin de sortie daté! écrit dans son rapport initial, M. Puybaraud, tels sont les deux papiers, les deux signes matériels, à l'aide desquels sont déterminées l'entrée et la sortie du détenu. La durée de son séjour au Dépôt est précisée par la différence des dates et, s'il y a lieu, des heures ; car l'employé qui écroue a soin d'indiquer l'heure sur les bulletins.

Il n'y a pas d'erreur possible ou, s'il s'en commet

une, ces deux bulletins sont là, témoignages matériels, pouvant servir à la rectifier.

Voilà le crime. Les preuves en ont été versées à l'instruction qui a duré trente mois. Livres de comptabilité, livres de contrôle, bulletins d'entrée et bulletins de sortie, tout a été examiné, contrôlé, vérifié, pointé, par M. Puybaraud, par un agent de l'Administration nommé Fournier, par un juge d'instruction et deux experts.

Seul, un homme n'a jamais rien vu. Et cet homme c'est M. Lhermitte, le principal accusé.

Après avoir été interrogé par le juge d'instruction une seule fois, une seule, du mois de septembre 1891 au mois de mai 1894, il a comparu les 12 et 13 mai 1894 devant la cour d'assises de la Seine. Et là, sans même qu'on ait eu besoin d'entendre tous les témoins à charge, — on en entendit quatre sur treize — sans que les avocats se soient même levés pour esquisser la moindre plaidoirie, il a été acquitté ainsi que ses prétendus complices, avec excuses du ministère public. Cela doit lui suffire. Que veut-il de plus ? Des comptes ? On va lui en fournir.

Reprenant le dossier de la cour d'assises, l'Administration le maquille (1). Elle débaptise les faux. Elle

(1) Extrait de l'instance de l'État devant le Conseil de Préfecture. Demande reconventionnelle (8 juin 1894) : « Monsieur Lhermitte, adjudi- « cataire des services des maisons d'arrêt de justice et de correction

les appelle erreurs. Et elle revient devant les juges administratifs avec la même procédure, les mêmes mensonges. La question n'est plus de savoir qui a ajouté des queues aux zéros, ni falsifié les dates d'entrée et de sortie. Il est entendu que cela s'est fait tout seul. Il s'agit de rechercher maintenant combien, grâce à cette comptabilité mal tenue et dans laquelle, suivant le mot de M. le Procureur général Bulot, chacun perdait son latin, combien, dis-je, M. Lhermitte a trop perçu. Est-ce 13.000 ou 18.000 francs ? L'Administration pénitentiaire n'en a jamais rien su. Elle n'a jamais pu exactement le dire. Elle se contente pour le moment de déclarer

« (1re circonscription pénitentiaire), a introduit le 21 février 1891, contre
« l'Etat, devant le Conseil de Préfecture de la Seine, une instance en
« interprétation du cahier des charges, ainsi qu'en règlement de comptes
« et en indemnités. D'autre part, M. Lhermitte, avec d'autres personnes
« qui, *étant ses comptables*, a été l'objet de poursuites exercées sur la
« plainte du préfet de police, à la requête du ministère public, pour fraudes
« commises au Dépôt près la Préfecture de Police dans le décompte des
« journées de détention. *Le jury a écarté l'intention frauduleuse, et dans*
« *ces conditions, les accusés ont été acquittés, mais il ne ressort pas*
« *moins du rapport des experts commis par le juge d'instruction pour*
« *vérifier la comptabilité et il est ressorti de l'ensemble des débats*
« *qu'il y a eu préjudice causé à l'Etat par le fait de prix de journées*
« *de détention indûment perçues.* »
« En effet, les conclusions du rapport des experts sont ainsi conçues : Il
« ressort des constatations que nous avons opérées... 1° ... 2° ... 3° ...
« 4° que toutes ces falsifications ont amené la *surélévation frauduleuse*
« des quantités de journées inscrites sur le registre de contrôle nominatif.
« 5° que le sieur Lhermitte, entrepreneur, a profité de toutes ces majora-
« tions, *en se faisant payer* en plus de ce qui lui était réellement dû par
« le Trésor, une somme totale de 13.875 fr. 99 sans tenir compte des majo-
« rations sur les journées de détenues, filles publiques, *qui n'ont pu être suf-*
« *fisamment constatées* et qui représenteraient une somme de 4.490 fr. 17. »
· Extrait des conclusions de l'Etat du 12 août 1902 : « Pour formuler cette
« revendication, elle (l'Administration) fit procéder par un de ses employés
« à la vérification minutieuse des contrôles nominatifs. Cette vérification,

qu'erreur n'est pas compte. Et elle veut bien se souvenir — ô la bonne fille! — qu'elle n'a jamais couru aucun risque puisqu'elle avait à sa disposition, à la Caisse des Dépôts et Consignations, un cautionnement de 100.000 francs, déposé par M. Lhermitte en garantie de l'exécution de son marché.

Donc — aujourd'hui, et aujourd'hui c'est hier, on peut même dire avant-hier, car sa demande remonte au mois de juin 1894 — l'Administration dit : Comptons.

— Soit, réplique M. Lhermitte. Vous avez une comptabilité désastreuse. Vous ne savez pas ce que je vous ai volé, moi je vais vous le dire. Vous m'avez prouvé par votre procès criminel que j'avais eu le plus grand tort d'accepter de vous des comptes sans contrôle. J'ai fait le relevé des fournitures que vous avez exigées de moi. En voici les factures et les traites qui les ont réglées. Si je compare ces fournitures à celles que vous avez le droit d'exiger de moi par journée de détention, d'après notre marché, c'est-à-dire d'après notre cahier des charges, il en ressort

« qui fut faite au moyen du registre d'écrou et des bulletins d'entrée et de
« sortie, fit ressortir à la somme de 18.355 fr. 76 le préjudice subi par l'Ad-
« ministration. C'est cette somme qui fait l'objet de la réclamation actuel-
« lement soumise au Conseil de Préfecture. »

De ces deux extraits, il ressort qu'en 1894, l'Administration ne réclamait que 13.875 fr. 99. Le surplus des majorations n'était pas, elle le reconnaissait, suffisamment établi. Aujourd'hui, au contraire elle réclame 18.355 fr. 76. Et pour ce faire, elle invoque un travail fait, depuis 1894, sur des pièces comptables qui ont été — elle nous le déclarera tout à l'heure — brûlées en 1893.

que c'est moi le volé. Vous me redevez 135.374 fr. 39. Voici mon compte (1).

— Non, non, répond la bonne personne. Je m'en tiens à mes livres officiels.

— Mais ils ne valent rien. Les jurés vous l'ont dit en cour d'assises. M. Bulot, aujourd'hui procureur général, l'a proclamé. Ecoutez-le. Voici ce qu'il disait le 13 mai 1894 :

L'Administration reconnaît, non pas seulement par ses paroles à l'audience, mais encore en fait puisqu'elle a renoncé au système malencontreux qui amène ces hommes ici, que le système auquel elle s'était attachée ne valait rien. Dans une maison comme le Dépôt qui est unique en France, on pourrait presque dire unique au monde, par le mouvement considérable de prévenus qui y passent et même de ceux qui ne sont prévenus de rien, qui sont arrêtés administrativement et qui restent là une demi-journée, la comptabilité qu'on a voulu instituer pour pouvoir substituer le système de l'entreprise au système de la régie était une comptabilité dans laquelle tout le monde se perdait ; et tout à l'heure le directeur du Dépôt vous disait avec une très grande franchise que, bien avant qu'on eût soupçonné, je ne dirai pas les fraudes puisque j'estime qu'il n'y en

---

(1) Instance Lhermitte au Conseil de Préfecture. Reconvention à la reconvention. — Dans le but de provoquer un scandale, M. Lhermitte ne déposa ses conclusions écrites qu'à l'audience. Elles furent rejetées pour vice de forme. Déposées à nouveau au greffe quelques jours plus tard, elles furent régulièrement enregistrées et le Conseil dut statuer. Il ordonna une expertise (25 juin 1898) qui porterait, conformément a la demande, non seulement sur la comptabilité incriminée — une année (février 1890-janvier 1891) — mais sur les trois années de l'entreprise (février 1890-février 1893).

a pas, mais les erreurs qui ont fait comparaître ces trois hommes devant vous, on avait prévu qu'on ne se retrouverait jamais dans cette comptabilité et qu'elle serait une source d'erreurs sans nombre. Or, et c'est ici que je n'ai pu m'empêcher de manifester mon étonnement à l'honorable M. Puybaraud, plus ce travail était difficile, plus étaient infimes les gens auxquels il était confié...

Par conséquent, Messieurs les Jurés, les débats auxquels nous venons d'assister ont amené pour moi la conviction que Lhermitte, Petithomme et Mondet-Blanc n'avaient pas plus d'intérêt que les détenus que nous avons mis hors de cause à faire ces falsifications. Ils ont fait ces falsifications matérielles (j'ai dû me le demander) uniquement pour faire cadrer les écritures avec ce qu'ils considéraient comme la réalité des faits, et ne sont même pas à ce point de vue arrivés à réaliser leur désir, puisque, je le répète, Lhermitte est obligé de plaider devant le Conseil de Préfecture pour réclamer d'autres journées qui, à son sens, n'ont point été portées sur les états.

(Gazette du Palais, 17 mai.)

— Je m'en moque, reprend de plus belle, dame Administration. Je veux qu'on juge encore sur mes livres. Ils sont parafés par le juge d'instruction, par les experts. A côté d'eux se trouvent les preuves matérielles, les bulletins d'entrée, les bulletins de sortie, le rapport de M. Puybaraud, le rapport des experts, tout l'arsenal en un mot de la cour d'assises.

— Avec la correspondance détournée du dossier par les experts criminels, sans doute ?

— ..... !!

— Et les livres de contrôle *numérique* dont le total doit concorder exactement avec celui du contrôle *nominatif* seul falsifié et dont M. Puybaraud nia mensongèrement l'existence, sous la foi du serment, à l'audience.

— ...!!

— N'importe, répond M. Lhermitte, j'accepte ainsi le débat, car je suis sûr de vous confondre et je trouverai dans vos documents mêmes, qui furent jusqu'alors soustraits à mon contrôle, la preuve manifeste des machinations que vous avez ourdies. Je demande seulement que l'expertise porte également sur mes preuves.

Il en fut ainsi décidé. Et les parties se rendirent alors devant les experts — de nouveaux juges.

On était alors en 1898. Six années se sont écoulées depuis. Six années durant lesquelles il fut impossible aux experts d'obtenir de l'Administration l'exécution des promesses qu'elle avait faites aux juges.

Ils ne purent accomplir leur mission :

D'une part, parce que malgré ses engagements formels et réitérés, *l'Administration se refusa toujours à apporter à l'expertise les documents indispensables à la plus sommaire des vérifications.*

D'autre part, parce *qu'elle s'oppose au contrôle des pièces comptables offertes par M. Lhermitte à l'expertise, en refusant de fournir aux experts un document dont elle nia effrontément l'existence, constatée pour son malheur — hélas ! — par les experts criminels en 1894 dans leur rapport* (1).

Telle est la genèse du procès. Et vous voyez d'ici que je n'avais peut-être pas tort d'évoquer au début de ces observations l'ombre de la grande Thérèse Humbert, puisque quinze années de procédure nous ramènent au début même de ce procès.

— Je vous montrerai les millions, disait Thérèse.

— Je vous montrerai ma comptabilité officielle, dit l'Etat.

— Où et quand, réplique M. Lhermitte et interrogent ensuite les experts ?

— Demain, répond le Figaro gouvernemental.

— Jamais, commente l'histoire.

(1) Extrait du rapport des experts du Conseil de Préfecture : « Un autre « moyen s'offrait à nous. Vérifier les comptes de M. Lhermitte, établis « d'après les fournitures de pain faites au Dépôt. D'après le rapport des « experts commis lors de l'affaire judiciaire : « *C'est le gardien-chef, y* « *est-il dit, qui fait les commandes de pain au fur et à mesure des* « *besoins et ces commandes sont inscrites sur un registre spécial tenu* « *par lui. Nous avons donc relevé d'après ce livre spécial les quantités* « *de pain distribuées chaque mois aux détenus : en voici le tableau* « *pour la période comprise du 15 février 1890 et le 31 janvier 1891* « *inclusivement, dont le total s'élève à 218.636 rations.* »

« Il existait donc bien au Dépôt un livre d'entrée et de sortie de pain « tant bis que blanc... D'après cette base, il eut été facile d'établir le « nombre des journées ou demi-journées de détention au Dépôt pendant la « durée de l'entreprise.

« *Au Dépôt il nous a été déclaré qu'il n'y avait pas de livre de distri-* « *bution de pain au bureau du gardien-chef.*

« On n'y établissait qu'une feuille volante qui allait à l'entreprise et qu'il « n'y avait pas non plus de contrôle de pain rendu.

« Ce troisième moyen de vérification nous échappe encore. » (*Rapport Villaux, Aubry et Jacquelin,* p. 31 et 32.)

Le mensonge de l'Administration est flagrant. Elle ne veut plus livrer ce document officiel parce qu'elle veut empêcher d'établir qu'il a été fourni *sur sa demande* 218.636 rations de pain, ce qui représente un nombre au moins égal de journées. S'il est vrai, comme le prétendent les experts qu'il n'y eut que 206.000 journées, à qui et en vertu de quel droit l'Administration a-t-elle fait distribuer les rations supplémentaires ? Au voleur !

II

L'AUTORITÉ DE LA CHOSE JUGÉE

La question qui se pose aujourd'hui devant le Conseil de Préfecture est identiquement la même que celle sur laquelle il s'est déjà prononcé à deux reprises :

1° Doit-on autoriser M. Lhermitte à regarder enfin de près les fameux livres de comptabilité qu'il fut accusé d'avoir falsifié ? Doit-on lui permettre de sonder le mystère du procès criminel de 1894 ?

2° Doit-on l'autoriser, d'autre part, à faire, à son tour, la preuve que la mauvaise tenue de la comptabilité du Dépôt a pu lui préjudicier et qu'il ne fut pas voleur mais volé ?

A ces deux questions, le Conseil de Préfecture a déjà répondu par l'affirmative :

1° Le 12 décembre 1896, en rendant un arrêt ordonnant qu'il « serait par trois experts — *les parties présentes ou elles dûment appelées* — procédé à une expertise contradictoire ayant pour objet de vérifier s'il a été commis au Dépôt, au préjudice de l'Etat et au bénéfice du sieur Lhermitte, des majorations ou des erreurs dans le décompte des journées de détention ». (Période incriminée du 15 février 1890 au 31 janvier 1891.)

2° Le 25 juin 1898, en rendant, sur la demande de M. Lhermitte, un second arrêté ordonnant qu'il « serait par trois experts procédé — *en présence des parties ou elles dûment appelées* — à une expertise ayant pour objet... de vérifier le nombre des journées de détention du Dépôt du 15 février 1890, date du commencement de l'entreprise, au 15 février 1893, époque à laquelle elle a pris fin ; d'en établir et d'en fixer le chiffre ».

En demandant au Conseil de rendre ce dernier arrêt, M. Labarthe, commissaire du Gouvernement, s'exprimait ainsi à l'audience du 17 mai 1898 :

« ...Dans cette expertise comme dans toutes les expertises, les parties qui seront appelées à y prendre part auront toute liberté, toute faculté pour présenter tous les documents qui pourront amener la conviction du Conseil. » (Sténographie Victor GALLIAND, sténographe judiciaire.)

Fort de ces deux arrêts, M. Lhermitte, qui va tantôt avoir soixante-dix ans — à cet âge, on ne peut plus guère attendre — remerciait les juges. Il allait donc enfin, de ses yeux, voir se dresser les preuves de son prétendu crime. Il allait pouvoir, matérielles qu'elles étaient, les toucher, les examiner, les contrôler, en soupeser la valeur et la portée, et, qui sait, peut-être y trouver la trace du véritable criminel qui avait ourdi contre lui la plus odieuse des machinations. L'expertise se devait faire *en présence des parties*. La justice en avait ainsi décidé. La chose jugée était là, enchaînant à jamais l'avenir, le dominant majestueusement du haut de son imposante autorité..

Ainsi pensait M. Lhermitte. Quelle naïveté était la sienne ! Il est vrai qu'il avait une excuse. Républicain sous l'Empire, il avait lutté pour le détruire, et, le 4 septembre, il avait le premier, même avant le Préfet, proclamé la République dans la ville de Normandie qu'il habitait.

Il ne prétend point être un héros pour cela, mais vous devez bien penser qu'il était en droit de croire, après avoir ainsi travaillé au triomphe de la République, que tous les citoyens, y compris les représentants de l'Etat, étaient devenus, de ce jour, égaux devant la loi, et que défunt était l'Empire.

Depuis trente ans, il sommeillait sur cette illusion. Le réveil a été dur. Voici comment les choses se sont passées:

Au mois de juin 1899, au moment où les trois experts vont se mettre à l'œuvre, M. Lhermitte invoque ses droits, ceux que lui reconnait la chose jugée. Il demande à assister à l'expertise. Il rappelle que la question est pour lui d'autant plus grave qu'il s'agit d'expertiser des pièces qui servirent jadis de base à une instruction criminelle, et que, ces pièces, il ne les a jamais vues (1). Les trois experts sont d'accord pour lui donner satisfaction. N'est-ce pas chose jugée ?

L'Etat s'y refuse énergiquement. A l'autorité des décisions judiciaires, il oppose la force gouvernementale. Il refuse de livrer ses livres à l'expertise. Toutes les pièces de comptabilité sont, dit-il, à la prison du Dépôt près la Préfecture. Elles n'ont pas à en sortir. Et il refuse l'entrée de cet établissement à M. Lhermitte en ces termes : « Les experts désignés, parmi lesquels se trouve celui que vous avez choisi, ayant été chargés par le Conseil de Préfecture de toutes les vérifications nécessaires, *il n'y a pas lieu à une participation directe de votre part à ce travail* (2): »

Remarquez que jusqu'à présent on nous laisse

(1) Voir à ce sujet aux Annexes (p. 174) : Note remise à M. Habert, juge d'instruction.

(2) Cette lettre est datée du 21 juin 1899. Elle est signée Charpentier, contrôleur général des prisons de la Seine.

Dès qu'elle lui fut parvenue, M. Lhermitte écrivit aux experts pour protester. Sa lettre est datée du 24 juin. A sa demande elle fut insérée dans le rapport des experts. On y lit : « Il résulte de cette lettre que l'Administration pénitentiaire — mon adversaire — prétend avoir le droit de « m'empêcher d'assister à l'expertise dont vous avez été chargé par le « Conseil de Préfecture, au sujet de l'affaire dite des *Fraudes du Dépôt.* « C'est une iniquité.

« D'un commun accord, en effet, sur les observations que je leur ai soumises, les trois experts ont reconnu, dans leur réunion du 18 juin, à

croire que la comptabilité existe. Plus tard seulement nous apprendrons ce qu'elle est devenue. On dira aux experts qu'elle a été en grande partie brûlée, que les pièces comptables ont été mal classées, égarées ou détruites. Pour l'instant, seulement, il s'agit de gagner encore du temps. Le délai de prescription en matière criminelle est de dix ans. Et nous ne sommes qu'en 1899. On ruse. On ne veut pas que M. Lhermitte voie les preuves des prétendus faux dont on lui fit un crime. Et le ministre, partie en cause, révise, par une simple lettre, les arrêts rendus par le Conseil de Préfecture.

La justice a dit : « Les parties seront présentes à l'expertise. » Le ministre décide : « Elles n'y seront pas présentes. Je veux qu'il en soit ainsi. Je suis au-dessus des juges. »

Allez-vous laisser dire semblables choses ? Allez-

laquelle ils m'avaient appelé, que ma présence pouvait être nécessaire et qu'elle était d'ailleurs prévue par le Conseil de Préfecture.

« En me refusant cette autorisation M. le Ministre n'a pas pris garde
« qu'il portait une main profane sur les droits de l'expertise. En effet, quel
« que soit le lieu où l'Administration entende fournir les pièces justificatives
« de sa demande, ces pièces appartiennent à l'expertise et elles font
« momentanément partie de son dossier. Et les experts, je n'ai pas besoin
« de vous le dire, ont le strict devoir, ici ou là, et tout d'abord, de les com-
« muniquer à la partie adverse afin qu'elle puisse en prendre connais-
« sance, les examiner, les discuter et au besoin fournir à leur sujet toutes
« observations de nature à provoquer la manifestation de la vérité.

... « Même contre le ministre qui est tout simplement comme moi partie
« en cette affaire, vos droits d'experts demeurent entiers. Je n'ai pas le
« droit de croire que vous n'en userez pas, soit en obligeant mes adver-
« saires à verser effectivement à l'expertise et à votre domicile toutes les
« pièces qu'ils entendent produire, soit de toute autre manière. »

vous laisser croire que, magistrats assermentés, vous avez des maîtres qui, sans rime ni raison, à leur fantaisie, à leur guise, suivant qu'il pleut ou qu'il vente, se peuvent permettre de piétiner vos sentences, et que vous êtes en place seulement pour rendre des services et non pas des arrêts ? C'est là, prenez-y garde, ce qu'on disait sous l'Empire. Et la question qui vous est posée aujourd'hui n'est pas autre.

L'Etat veut vous faire ratifier sa sentence. Il veut vous obliger à déclarer que l'expertise n'aura pas lieu « en présence des parties » parce que cela serait dangereux pour lui. Il veut en conséquence vous contraindre à rendre une nouvelle décision annulant les deux premières. Et son désir est si manifeste que, en tête de ses dernières conclusions, en date du 12 août 1902, il reproduit textuellement les termes de votre arrêt du 25 juin 1898, moins ces huit mots qui le hantent et le chagrinent : « Les parties présentes ou dûment appelées. » (1)

Et que vous demande-t-il dans ces conclusions ? De supprimer totalement l'expertise.

Lisez plutôt cette phrase, à la page 13 :

(1) **Arrêt du 25 juin 1898** : « Art. premier. — Il sera par trois experts procédé, *en présence des parties ou elles dûment appelées*, à une expertise ayant pour objet. »

Conclusions de l'Etat, 12 août 1902 : Par arrêté en date du 25 juin 1898, le Conseil de Préfecture du département de la Seine... « a décidé qu'il serait par trois experts procédé à une expertise ayant pour objet. »

En présence de la résolution prise par les experts du Conseil de ne pas procéder à ce travail de vérification, l'Administration croit de son devoir de mettre ces documents (8 registres de comptabilité) à la disposition du Conseil qui pourra ainsi apprécier *en pleine connaissance de cause (sic)* le bien fondé de la demande qu'elle a formulé en vue d'obtenir le remboursement de la somme de 18.355 fr. 75 centimes indûment touchés par l'entrepreneur par suite de ses multiples majorations ou erreurs.

En deux mots on peut résumer cette demande : « Puisque vous n'avez pas su museler les experts, expertisez vous-mêmes, Messieurs les Juges. »

N'est-ce pas là, pour un ministre qui casse vos arrêts, le meilleur moyen de supprimer l'expertise ?

J'entends bien, Messieurs, qu'on vous apporte des documents : huit registres de comptabilité.

On oublie seulement de vous dire qu'il en existe — ou doit exister — trente ou quarante. Où sont les autres ? Où sont aussi les fameuses pièces comptables dont parlait avec tant d'emphase, en 1891, M. Puybaraud : Bulletins d'entrée ! Bulletins de sortie ! Témoignages matériels, etc... !

Et n'est-ce pas justement par suite de ces lacunes fâcheuses dont nous nous occuperons tout à l'heure que les experts se sont refusés à poursuivre des investigations qu'ils savaient à l'avance inutiles ?

Vous avez décidé, par votre arrêt du 25 juin 1898, que l'expertise porterait sur trois années, du 15 février 1890 au 15 février 1893. Et l'Etat vous

soumet aujourd'hui huit livres de comptabilité —
sans pièces justificatives — concernant une année
seulement (15 février 1890-31 janvier 1891).

Vous avez décidé encore que cette expertise porterait non seulement sur les documents qui seraient
fournis par l'Etat mais encore sur toutes les pièces
comptables qui seraient fournies à l'expertise par
M. Lhermitte.

Et l'Etat s'y oppose.

Voici à ce sujet l'incident qui se produisit à l'audience le 17 mai 1898 :

M⁰ de Saint-Auban. — En ce qui concerne l'affaire du
Dépôt il serait peut-être intéressant de savoir comment
et sur quelles bases il sera procédé par les experts.
C'est là une question qui a peut-être un certain intérêt.
Le Conseil va-t-il purement et simplement renvoyer aux
experts ou indiquera-t-il dans son arrêté la base
d'exploration des experts.

En voici l'intérêt. Il m'était tout à l'heure indiqué et il
faut que le Conseil soit au courant des difficultés qui
peuvent surgir...

M. le Président. — Ce sont les allégations de
M. Lhermitte qui seront vérifiées.

M⁰ de Saint-Auban. — Vérifiées par n'importe quel
ordre de documents ?

M. le Président. — Les experts donnent leur appré-
ciation sur la valeur des documents qui leur sont fournis
mais nous ne pouvons pas d'ores et déjà régler l'ordre de
l'expertise. M. Lhermitte prétend à 135.000 francs. Il
aura à faire, comme demandeur, la justification des
erreurs et des falsifications. En quoi consisteront ces

justifications ? Le Conseil ne le sait pas maintenant et il ne peut pas le préciser. Par conséquent, je crois qu'il n'y a pas de débat et qu'il n'y a qu'à renvoyer purement et simplement aux experts. Les experts feront connaître leurs appréciations et le Conseil statuera.

Me de Saint-Auban. — Ce que nous désirons, c'est que le Conseil ne limite pas les documents qui pourront être produits pas les parties.

M. le Président. — Il ne limite pas. Il approuve la question telle qu'elle est posée. Les parties sont contraires en fait. Les allégations seront ultérieurement précisées devant les experts et il ne saurait y avoir, de ce côté-là, aucune difficulté.

(Sténographie V. GALLIAND, sténographe judiciaire.)

Que vous répondent sur ce point les experts ?

— Nous ne voyons pas de contrôle possible pour vérifier le travail de M. Lhermitte, *étant donné que le contrôle administratif n'existe plus*, et malgré cela **nous ne pouvons en déduire que les comptes qui sont présentés par M. Lhermitte ne soient pas exacts**. Ce que nous désirons, c'est de procéder à une vérification aussi complète que consciencieuse et pour cela nous estimons qu'un contrôle est absolument indispensable. (*Rapport des experts, p. 33.*)

Ainsi c'est l'Etat, toujours l'Etat, notre adversaire, qui empêche de faire la preuve et qui maintient la vérité au fond du puits (1).

____

(1) Voir supra note, p. 90, relative au contrôle que les experts voulaient faire avec le livre de distribution de pain. Ce livre n'a jamais existé déclare l'Administration. Ce livre existe, disent au contraire les experts au criminel dans leur rapport. Nous l'avons eu entre les mains. Nous en avons relevé les totaux.

Et lui seul aurait le droit d'être entendu ? Bien plus, au mépris de toute justice, en dépit de décisions judiciaires ayant force de chose jugée, il aurait la faculté de se soustraire à une expertise régulière en réclamant à son bénéfice — en dehors de son adversaire — le huis clos de la chambre de vos délibérés.

Pis encore, il aurait le droit, en refusant de livrer à la justice un document administratif dont l'existence est officiellement constatée dans le rapport des experts criminels en 1894, de s'opposer à toute vérification des prétentions de son adversaire ?

Non, messieurs ! quoiqu'en disent les méchantes gens vous ne voudrez pas — j'en suis sûr — vous prêter à une semblable manœuvre.

Vous avez jugé et vous maintiendrez — même contre l'Etat — l'autorité de vos sentences. Vous direz que les experts doivent poursuivre leur mission, comme ils vous le demandent, parce que votre rôle est de faire œuvre de justice et non pas de servilité.

III

QUELQUES RÈGLES DE COMPTABILITÉ ADMINISTRATIVE
ET JUDICIAIRE

Examinons maintenant les faits.

Si la comptabilité du Dépôt avait été régulièrement tenue, voici comment elle aurait été établie.

Les écritures comportent trois registres :

1° Le registre d'écrou ;

2° Le registre de contrôle nominatif ;

3° Le registre de contrôle numérique.

Quand un détenu. entre au Dépôt, on le conduit
d'abord au greffe. L'agent qui le conduit est porteur
de la pièce qui constitue en quelque sorte le titre de
son arrestation : c'est le bulletin d'entrée, l'ordre
d'incarcération, dont il fut question aux débats de
la cour d'assises.

Ce bulletin indique :

1° Le nom du détenu ;

2° Le motif de son arrestation ;

3° La date (et l'heure) de son incarcération.

Le jour de sa sortie, le même détenu est ramené
au même greffe, auquel il est remis un bulletin de

6.

même nature dit bulletin de sortie ou ordre de libération.

Comme le précédent, ce bulletin indique le nom du détenu, le motif de sa libération, la date (et l'heure) de sa sortie.

Ces documents, immédiatement transcrits ou relevés sur les trois registres ci-dessus visés, forment la base du contrôle judiciaire et du contrôle administratif d'où l'on tirera ensuite les comptes de l'entrepreneur et dont nous allons successivement examiner le fonctionnement régulier.

Le mieux pour cela est de reproduire les textes de la loi et des règlements.

Contrôle judiciaire. — Aucun détenu ne peut être reçu dans une prison sans être au préalable conduit au greffe. C'est la véritable, la seule porte de la détention, le guichet de contrôle où sont examinées ses pièces. Parmi ces dernières, figure le bulletin d'entrée dont les renseignements, c'est-à-dire :

1º Le nom de l'individu ;

2º Le motif de son arrestation ;

3º La date de son entrée ;

sont immédiatement transcrits et consignés sur un registre.

Une quatrième colonne reste en blanc ; on y mettra plus tard :

La date de la sortie.

Tel est le registre d'écrou. C'est le contrôle judiciaire.

Le code d'instruction criminelle qui le réglemente s'exprime ainsi :

Art. 606. — Les gardiens des maisons *d'arrêt, de justice* et *des prisons* seront tenus d'avoir *un registre*.

Ce registre sera signé et paraphé à toutes les pages par le juge d'instruction.

Art. 608. — Tout exécuteur de mandat d'arrêt, d'ordonnance de prise de corps, d'arrêt ou de jugement *est tenu*, avant de remettre au gardien la personne qu'il conduira, *de faire inscrire sur le registre l'acte dont il est porteur*.

Art. 609. — Nul ne pourra, à peine d'être poursuivi et puni comme coupable de détention arbitraire, *recevoir* ni *retenir* aucune personne, qu'en vertu, *soit d'un acte de dépôt, etc., et sans que la transcription en ait été faite sur son registre*.

Art. 610. — Le registre ci-dessus mentionné contiendra également, en marge de l'acte de remise, *la date de la sortie* du prisonnier, ainsi que *l'ordonnance, etc.*, en vertu de laquelle elle aura lieu.

Le contrôle judiciaire exige donc trois conditions essentielles, principales, à peine de poursuites :

1° L'inscription *nominale ;*

2° L'inscription *de l'ordre d'incarcération et la date de son exécution ;*

3° L'inscription *de l'ordre de libération et la date de son exécution.*

Il suffit de remarquer que ces inscriptions devant être faites **immédiatement** *au moment même de l'incarcération ou de la libération, il ne peut y avoir aucune erreur de date.*

« Ce registre d'écrou devra être tenu », dit le décret ministériel du 11 novembre 1885, article 5, « par le gardien-chef de l'établissement. Il ne pourra, sous aucun prétexte, être confié à des tiers ».

M. Lhermitte y est donc bien étranger.

Contrôle administratif. — Parallèlement au contrôle judiciaire, fonctionne un contrôle administratif.

Il comprend, dit le décret du 11 novembre 1885 :

1° *Un registre* de contrôle *nominatif;*

2° *Un registre* de contrôle *numérique.*

Contrôle nominatif. — Le rapport d'enquête de M. Puybaraud, inspecteur général des services pénitentiaires, définit ainsi le registre de contrôle nominatif :

Un registre, dit contrôle nominatif, porte à la file le nom de *tous* les détenus *écroués* au Dépôt. En face de chaque nom, dans une colonne, figure *la date d'entrée* telle qu'elle est fournie par le bulletin d'entrée ou ordre d'incarcération (1) ; dans une colonne parallèle et également en face du nom est inscrite *la date de la sortie,* telle qu'elle est fournie par le bulletin de sortie ou ordre

---

(1) « L'employé qui écroue a soin d'indiquer l'heure sur les bulletins. » (*Rapport Puybaraud.*)

de libération. Enfin, une troisième colonne est réservée au nombre des jours passés au Dépôt, et ce nombre résulte de la différence des dates d'entrée et de sortie.

A part la dernière colonne, *celle des décomptes*, ce registre est donc *identique au livre d'écrou*.

Contrôle numérique. — La définition du registre de contrôle numérique se trouve dans la Circulaire ministérielle du 10 décembre 1875 (*Statistique péni- tentiaire*, année 1875, page 521, n° 6).

C'est, nous dit ce document, *un registre des mouve- ments journaliers ; les* **totaux mensuels** des colonnes 40 à 50 (qui servent à établir le *décompte mensuel* des journées dues à l'entrepreneur) **devront être égaux** à ceux qui ressortent **de la totalisation, mois par mois,** opérée aux registres du **contrôle nominatif.**

Ce registre est donc bien le *résumé numérique* des deux premiers.

Ainsi établis par différentes mains, toutes admi- nistratives, et d'après les mêmes pièces, ces trois registres se contrôlent et se complètent les uns les autres.

Comment frauder l'un, si l'on n'a pas pris soin de mettre les autres en concordance ?

Leur ensemble constitue la comptabilité officielle

au sujet de laquelle le décret ministériel du 11 novembre 1885 formule nettement la réglementation suivante :

Ils devront, dit-il dans son article 5, être tenus par l'Administration, le gardien-chef, ou à son défaut un *greffier-comptable* **responsable. Ils ne pourront, sous aucun prétexte, être confiés à des tiers,** et alors même qu'il y aurait un greffier-comptable, le gardien-chef seul devra tenir le livre d'écrou.

Ces écritures sont donc complètement étrangères à l'entrepreneur ; elles serviront, suivant certaines règles, à établir ses comptes. Ce sont ces dernières règles que nous allons résumer sous le titre de « Comptabilité commerciale ».

Comptabilité commerciale. — Les **contrôles administratifs** ne peuvent être remis sous aucun prétexte à des tiers, et c'est d'après **des états,** *copies de ces contrôles,* fournis par l'Administration à l'entrepreneur, que ce dernier doit établir son compte.

Ces **états établis par l'Administration,** en dehors de toute collaboration de l'entrepreneur, lui sont remis mensuellement ou trimestriellement, selon qu'il s'agit de **l'état numérique** ou de **l'état nominatif.**

L'entrepreneur doit établir un **duplicata de**

ces états qu'il présente alors à l'Administration à titre de facture.

Voici d'ailleurs comment s'exprime à ce sujet la circulaire ministérielle du 10 décembre 1875 (*Statistique pénitentiaire*, année 1875, page 521, n° 11) :

Jusqu'à présent, *les états nominatifs des détenus* destinés à servir de base à la liquidation des sommes dues pour prix de journées aux entrepreneurs généraux des services, avaient été établis mensuellement.

Il a paru y avoir lieu, dans un but de simplification et par analogie avec ce qui se pratique dans les maisons centrales, de ne dresser ces états que *trimestriellement* et de régler sur des états *purement numériques* les journées des deux premiers mois de chaque trimestre.

L'état nominatif devra être établi par le gardien-chef d'après les indications du registre nominatif et présenter une concordance parfaite avec les totaux du registre numérique.

Cet état sera communiqué à l'entrepreneur pour la rédaction de celui qu'il doit produire.

On le voit, le rôle de l'entrepreneur est un pur rôle de copiste.

L'entrepreneur doit être réglé sur des états établis en dehors de lui par des agents de l'Administration et dont il remet à celle-ci, à titre de facture, une copie textuelle faite sans aucun contrôle.

De prime abord, il en résulte que, si la facture de l'entrepreneur contient une erreur soit à son profit, soit à son préjudice, cette erreur lui est absolument étrangère puisque, encore une fois, sa facture n'est que la copie textuelle d'un **état** établi par l'Administration.

Comment, avec une organisation pareille, a-t-on pu, une seule minute, accuser l'entrepreneur de commettre des faux qui, s'ils étaient commis, ne pourraient l'être que par l'Administration ou ses agents ?

La réponse à cette question établira :

1° L'étrange interversion des idées et des choses qui préside au rapport de M. Puybaraud ;

2° L'effroyable gâchis d'écritures où l'œil le plus exercé chercherait vainement une base de calcul.

Au lieu d'envoyer à l'entrepreneur, mensuellement et trimestriellement, les états numériques et nominatifs pour qu'il en tirât copie afin d'établir sa facture, l'Administration procédait de la façon suivante :

Elle envoyait bien à M. Lhermitte les **états numériques** ; mais, au lieu de lui fournir les **états nominatifs** pour qu'il en tirât copie selon la règle, elle commettait à cette règle une double infraction :

1° Elle confiait les contrôles eux-mêmes à des détenus en guise de fonctionnaires ;

2° Ces détenus, au lieu d'établir pour M. Lhermitte le duplicata d'un état que réglementairement l'Administration aurait dû lui donner, faisaient une copie unique qui servait à la fois d'*état* pour l'Administration et de *facture* pour l'entrepreneur.

Avec un pareil système, l'entrepreneur qui, si l'on avait suivi la règle, n'aurait dépendu que des comptes d'un employé *responsable* (le mot est dans les règlements), se trouvait ainsi dépendre des comptes d'un détenu que l'Administration élevait à la dignité de fonctionnaire.

Si encore elle avait reconnu son fonctionnaire, il n'y aurait eu que demi-mal. Mais — et ce fut la trouvaille de M. Puybaraud, qui, pour faire sa découverte, choisit un jour où le directeur du Dépôt était absent (1) — elle imagina, pour les besoins d'un procès criminel, de faire des détenus les fonctionnaires de l'entrepreneur (2). Et c'est ainsi que M. Puybaraud attribua à M. Lhermitte les altérations, majorations ou diminutions, qu'avaient pu perpétrer

___

(1) *La Lanterne*, 14 mai 1894. — Compte rendu judiciaire : M. Meuger (le directeur du Dépôt) a ajouté qu'il se trouvait à la campagne lors de l'inspection de M. Puybaraud et que s'il avait été présent il aurait empêché l'affaire de suivre son cours.

(2) *Le Rappel*, 14 mai 1894. — Les dépositions des témoins ont montré qu'il avait été impossible de faire une lumière exacte sur la comptabilité du Dépôt, *comptabilité bien embrouillée par le fait de l'Administration qui, pour alléger le travail du commis-greffier, M. Mondet-Blanc, lui avait adjoint des comptables auxiliaires pris parmi les détenus eux-mêmes.*

L'Intransigeant, même date. — M. Bulot ayant demandé si on choisissait, pour leur livrer les livres, les détenus les moins coupables, M. Puybaraud fit cette réponse :

— Non, nous ne regardons pas à cela. Nous prenons les bonnes écritures, les notaires par exemple...

— Et les ministres, crie-t-on dans la salle.

7

dans un travail auquel ils étaient peu préparés, des escrocs, voleurs, ou autres personnages intempestivement élevés au grade de commis-greffier.

Il n'y avait relativement de sérieux dans ces écritures que les contrôles numériques dont la confection n'avait pas été livrée à d'aussi dangereux hasards — du moins M. Lhermitte le présume, car il n'a jamais vu ces contrôles, dont les états, c'est-à-dire les copies à lui fournies, lui révélaient, seules, l'existence. Il y avait un moyen simple de voir si les détenus, en faussant les contrôles nominatifs, falsifiaient pour le compte de M. Lhermitte : c'était de comparer les totaux de ces contrôles nominatifs avec les totaux des contrôles numériques auxquels il était bien clair que M. Lhermitte était resté étranger.

Et ce contrôle, en 1905, on n'a pas encore voulu le faire.

IV

L'ÉTAT C'EST MOI, DIT L'AD-MI-NIS-TRA-TION
ÇA NE REGARDE PAS LES CONTRIBUABLES

J'imagine, Messieurs, que vous n'attendez pas de moi la preuve que l'Administration — je veux dire l'État — avait le strict devoir de respecter ces règlements et ces lois.

J'entends bien que ces textes constituaient, pour M. Lhermitte, une garantie — la seule qui lui fut donnée — de l'exactitude des comptes qui lui étaient fournis en duplicata. Si la comptabilité avait été régulièrement tenue, pas de fraude possible. Et M. Lhermitte, qui n'avait pas le droit de vérifier, pouvait accepter les chiffres officiels les yeux bandés.

Mais qu'importe, je vous le demande, la garantie d'un fournisseur ? C'est là, chose négligeable. Il ferait beau voir que, de nos temps, un siècle après la Révolution, un entrepreneur de services publics, un de ces rustres auxquels tous nos Fouquet modernes doivent pouvoir à chaque instant faire suer un « pot de vin », osât rappeler un quelconque de nos rois administratifs au respect des règlements et de la loi. On ne saurait admettre pareille audace. Et l'Etat lui-même vous demande dans ses conclusions de le proclamer :

L'Administration, écrit-il le 11 novembre 1897, reste toujours maîtresse de ses règlements, qu'elle peut modifier suivant les lieux et les circonstances (1).

Et plus loin :

M. Lhermitte n'a pas à savoir si on tient un registre numérique ou si on n'en tient pas ; si l'état nominatif peut ou ne peut pas être remis à un tiers. Il ne saurait, au nom d'un règlement qui n'est pas fait pour lui, exiger qu'on lui donne connaissance, sous une forme plutôt que sous une autre du nombre des journées de détenus. Il suffit qu'il ait été mis à même d'établir sa facture. Il n'a rien à réclamer de plus (2).

Peu importe donc que l'Administration respecte ou non les règlements et la loi. Cela ne regarde pas M. Lhermitte. Voilà du moins ce qu'on prétend.

Aussi bien, Messieurs, M. Lhermitte — ex-fournisseur de l'Etat — se garde-t-il d'insister. Il ne veut pas se montrer indiscret. Il sait ce qu'il en coûte. Et si grand que puisse être pour lui l'intérêt de con-

---

(1) Conclusions de l'Etat, 11 novembre 1897 : « Le système de M. Lhermitte consiste à critiquer le mode de comptabilité employé au Dépôt. Comme dans ces précédents mémoires il fait intervenir les règlements administratifs dont il essaie de se faire une arme contre l'Administration. *C'est là un mode de discussion inacceptable* (p. 4). »
(2) Mêmes conclusions, page 5.

naître la vérité, il ne vous demande plus si ces registres numériques existent ou n'existent pas.

La question, d'ailleurs, paraît controversée.

Existent-ils ? Le 6 janvier 1892, un greffier-comptable du Dépôt, M. Fournier, l'a affirmé. Appelé à témoigner devant M. Habert, juge d'instruction, il s'est exprimé en ces termes :

Le contrôle numérique s'obtient en comptant pour chaque jour le nombre des entrées et des sorties. Le nombre des individus présents chaque jour à minuit établit la situation pour les vingt-quatre heures qui viennent de finir. On peut donc se rendre compte à la fin de chaque mois du nombre des présents pendant le mois... Si Mondet avait rapproché le total des journées du contrôle nominatif de celui de la situation numérique, il aurait reconnu de suite (sic) les majorations, car si le nombre des journées du contrôle nominatif peut dépasser celui de la situation numérique, ce ne peut être que de quelques centaines seulement. (Déposition Fournier, cote 67.)

N'existent-ils pas ? Avec la même assurance, sous la foi du serment, M. Puybaraud, inspecteur général des services pénitentiaires, l'a affirmé, le 13 mai 1894 — c'est-à-dire deux années plus tard — à l'audience de la cour d'assises. Il déclara ne pas connaître ces registres de comptabilité. (*Comptes rendus judiciaires.*) (1)

Mais cela, c'est le dossier criminel, et nous voici

(1) Voir supra p. 56.

maintenant — en 1897 — devant le Conseil de
Préfecture. En présence de ces deux déclarations
contradictoires, quelle attitude l'Administration
va-t-elle prendre ? Celle que vous savez : « Que ces
livres existent ou non, cela ne regarde ni M. Lhermitte ni les juges. »

Qui croire et que croire ? Il nous faut arriver jusqu'à l'expertise ordonnée par le Conseil de Préfecture pour obtenir, enfin, une réponse un peu précise.
Elle est fournie par le délégué officiel de l'Etat,
M. Charpentier, contrôleur général des prisons de
la Seine. Dans une lettre, datée du 21 juin 1899 et
adressée aux experts, ce fonctionnaire reconnaît
l'existence de ces livres, qui constituent, dit-il, « un
des éléments de la statistique pénitentiaire publiée
chaque année par les soins du ministre de l'Intérieur (1) ». Malheureusement, il ajoute que ces livres
sont établis de telle façon qu'ils ne concordent pas
et ne peuvent concorder avec les autres. Ils ne men-
tionnent pas, affirme-t-il, tous les renseignements
utiles. Pourquoi alors les établir ? Pour fausser les
statistiques ? Et que devient le contrôle par concor-

(1) Extrait de la lettre Charpentier : « L'état numérique existait dans
« toutes les prisons de la Seine, longtemps avant l'entreprise générale et il
« y subsiste depuis la disparition de cette entreprise. C'est un des éléments
« de la statistique pénitentiaire, publiée chaque année par les soins du
« Ministre de l'Intérieur. Lorsqu'on dut établir l'état nominatif, l'état numé-
« rique se trouva *naturellement* être une pièce de concordance puisque sur
« l'un et sur l'autre de ces deux états devait figurer le nombre des journées
« de présence. Il en fut, en effet, ainsi dans toutes les prisons de la Seine,
« le Dépôt excepté (?) Dans ce dernier établissement l'état numérique con-
« tinua a être ce qu'il était : le relevé des journées de présence, sans

dance, prévu et prescrit par les règlements et les lois ?

Je ne saurais trop le répéter, Messieurs, cela ne regarde pas M. Lhermitte, fournisseur. L'État l'a dit. Il l'a écrit. Et, respectueusement, M. Lhermitte s'incline.

Mais que vont penser les contribuables ?

Vous entendez bien, en effet, que si le Conseil d'État et le Parlement passent leur temps à rédiger des règlements et à voter des lois, ce n'est pas seulement pour protéger M. Lhermitte, fournisseur de l'Ad-mi-nis-tra-tion, et pour empêcher cette dernière de le poursuivre quand bon lui semble en cour d'assises. Les textes que j'ai rappelés plus haut protégeaient bien M. Lhermitte. C'est vrai. Mais accidentellement seulement. L'intérêt de la loi et des règlements était ailleurs. En rédigeant ces textes, nos législateurs avaient eu un souci, un seul : sauvegarder les deniers des contribuables, créer un contrôle qui empêchât toute fraude ou qui, tout au moins, permît de la découvrir immédiatement.

Rappelez-vous la déposition de M. Fournier devant le juge :

« fractions, tandis que dans l'état nominatif étaient ajoutées les demi-jour-
« nées telles qu'elles sont définies au complément du cahier des charges.
« Il en résulterait (*oh, le joli conditionnel !*) qu'il ne pouvait y avoir accord
« entre les deux pièces ; qu'elles ne pouvaient se contrôler l'une par
« l'autre; et que les chiffres de l'état nominatif devaient nécessairement
« être plus élevés que ceux de l'état numérique. De là, je crois (*n'affir-*
« *mons rien !*) la différence qui a été constatée. »
On verra plus loin ce que vaut l'explication. Pour l'instant, contentons-
nous de faire remarquer que M. Lhermitte ne connut jamais le prétendu
régime d'exception du Dépôt.

. Si Mondet avait rapproché le total des journées de contrôle nominatif de celui de la situation numérique, il aurait reconnu *de suite* les majorations.

Voulez-vous un exemple frappant ? Lisez cette lettre, adressée à M. Lhermitte par le directeur de la prison de Mazas, dont il était également, à la même époque et *en vertu du même marché* (1), l'entrepreneur :

MAISON D'ARRÊT DE CORRECTION   *Paris, le 6 février 1893.*

DE MAZAS

———

Monsieur Lhermitte, entrepreneur,

Je reçois à l'instant votre lettre de ce matin qui m'est remise à 11 h. 1/2. Permettez-moi de vous faire observer que si les états (nominatifs) qui m'ont été soumis, à 10 h. 1/4 je crois, n'ont pas été signés sur-le-champ, c'est que la comptabilité avait constaté une

1) L'État s'efforce de soutenir que les conditions générales du marché étaient modifiées en ce qui concerne le contrôle numérique par un article additionnel (art. 17 du complément du cahier des charges) visant les clauses et conditions spéciales concernant les services du Dépôt.

Cet article est ainsi conçu : « *Calcul des journées de détention.* »

« Sont modifiées comme suit les dispositions de l'article 72 du cahier « général des charges concernant le calcul des journées de détention à « payer à l'entrepreneur, sans qu'il y ait à considérer si les détenus tra- « vaillent ou non.

« Il sera fait compte des sommes qui lui seront dues par journée et par « demi-journée.

« Sera compté comme journée le séjour au Dépôt de tout individu qui

différence de 4 journées (à votre préjudice) entre le contrôle numérique et le contrôle nominatif.

Cette erreur peut être relevée d'ici à 6 heures du soir etc...

Signé : RENOUARD (directeur).

Ainsi se passent les choses, quand fonctionne le contrôle. Encore faut-il remarquer que M. Fournier était, au Dépôt, le supérieur hiérarchique de M. Mondet, le coaccusé de M. Lhermitte ; qu'il rentrait dans ses attributions — comme chef de la comptabilité — de se livrer chaque mois à ce con-

« aura pris les deux repas réglementaires ou figuré dans l'effectif aux
« heures de ces deux repas, la ration pouvant d'ailleurs lui être donnée au
« moment où il serait ramené dans le Dépôt, s'il avait été appelé devant
« l'autorité judiciaire.

« Le détenu qui sortirait du Dépôt après avoir figuré dans l'effectif à
« l'heure d'un seul repas, ne serait compté que pour une demi-journée.

« Celui qui ne ferait que passer au Dépôt sans y prendre aucun repas et
« sans y passer la nuit, n'aurait pas à figurer dans le compte de journées
« à payer à l'entrepreneur.

« Celui qui passerait une nuit sans prendre aucun repas au compte de
« l'entrepreneur ne compterait que pour une demi-journée.

« De manière générale, pour les détenus qui ne seront pas nourris aux
« frais de l'entrepreneur, il ne sera dû que la moitié du prix de journée.

« **A** raison du fréquent renouvellement de la population du
« **Dépôt, il pourra être suppléé à la production de l'état nomi-**
« **natif trimestriel spécifié à l'article 72 § 5 du cahier général**
« **des charges, par la présentation d'états ou tableaux d'un**
« **modèle approuvé par le Ministre, et dans les conditions qu'il**
« **aura déterminées. »**

Où donc est-il question en ce texte de supprimer le registre de contrôle
numérique ?

On y déclare seulement, avant l'heure, qu'il sera vraisemblablement
impossible de tenir un contrôle *nominatif*. Comment a-t-on pu s'étonner
ensuite qu'il ait été mal tenu, si ce n'est pour avoir le plaisir de poursuivre
M. Lhermitte

7.

trôle ; et qu'il ne l'a pas fait, non seulement pour empêcher les prétendues fraudes, mais encore plus tard, en 1891, pour éclairer le juge. De même, M. Puybaraud. En vain, chercherez-vous dans son rapport trace de ce rapprochement si simple qui aurait fait apparaître — « *de suite* » — les majorations.

J'oubliais qu'à cette époque — 1891-1894 — l'Administration hésitait encore et se demandait si les livres de comptabilité devaient ou non exister — vis-à-vis de M. Lhermitte, tout au moins. Cela ne le regardait pas. Et comme l'Administration pensait le juge.

Je reviens donc à mes contribuables.

Je vous disais que les règlements et les lois étaient faits pour sauvegarder leurs deniers, c'est-à-dire les fonds du Trésor.

Et voilà que l'Administration nous déclare maintenant qu'elle respecte les règlements et les lois quand bon lui semble. Cela est très grave.

Quand l'Administration, je veux dire l'Etat, écrit en effet : « M. Lhermitte n'a pas à savoir, etc... », elle n'entend pas, vous le pensez bien, s'en prendre personnellement à M. Lhermitte. Elle ne lui veut aucun mal. Elle l'affirme. Elle déclare même qu'elle a été pour lui d'une bienveillance rare. Et il faut la croire, car si elle s'efforça de l'envoyer au bagne pour faux et usage de faux ce n'est pas par méchanceté, je vous le jure, mais par libéralité pure. Elle voulait ainsi lui offrir un petit voyage d'agrément pour le remercier d'avoir fourni à la presse quelques renseignements utiles sur le cas de M. Herbette, son ancien directeur général.

Donc, quand elle dit « M. Lhermitte n'a pas à savoir... », elle ne s'adresse pas à lui seul, mais à tous; car si quelqu'un devait savoir, il est clair que ce quelqu'un serait M. Lhermitte, citoyen, fournisseur et accusé. « M. Lhermitte n'a pas à savoir... », cela veut dire : « Personne n'a à savoir... » et « personne » c'est « tout le monde », c'est-à-dire tous les contribuables.

Or, voyez ce qu'il en coûte déjà à l'Etat, c'est-à-dire au Trésor, aux contribuables !

Pour 13 ou 18.000 francs que M. Lhermitte fut accusé — à tort — d'avoir volé, on a dépensé des sommes folles.

Alors qu'on se fut aperçu « *de suite* » des majorations si on avait respecté les règlements et les lois, on a été obligé de mettre en branle tout le haut personnel administratif, dont M. Puybaraud. On a fait une enquête administrative et policière. On s'est livré enfin à un contrôle qui a duré plusieurs mois. Et vous savez si cela coûte !

Ce n'est pas tout. On a nommé ensuite un juge d'instruction qui a pâli pendant trente mois sur le dossier en se demandant s'il ne serait pas utile d'interroger au moins deux fois M. Lhermitte.

— Une fois suffit, a-t-il déclaré. Et il s'est rendormi en pensant que « le contrôle nominatif devait se suffire (1) ».

Puis ce fut le tour des experts. On en commit deux : MM. Ancel et Flory, deux de nos gloires, qui omirent — eux aussi, hélas ! — de faire le rapprochement des registres qui eût permis de s'apercevoir « *de suite* » des majorations.

Enfin, après avoir été examinée par la chambre des mises en accusation, l'affaire arriva devant la cour d'assises. Douze jurés. Cinq magistrats. Cent témoins.

Faites le compte. Qui a payé tout cela ? Les contribuables.

Encore leur ai-je fait grâce de la nourriture des accusés qui demeurèrent — deux d'entre eux tout au moins — pendant près de soixante jours au secret, et des frais supplémentaires occasionnés par les services spéciaux, tel celui de la fouille, cette torture honteuse et moderne qu'on inflige à tous les inculpés réputés par la loi innocents. Petits bénéfices des victimes !

— Silence dans les rangs, crie l'Administration. L'Etat, c'est moi. Les lois et les règlements ? Cela ne regarde pas les contribuables.

____

(1) Interrogatoire Fournier, 6 janvier. Cote 67. *Demande du juge d'instruction* : « Le contrôle nominatif *se suffit à lui-même, il me semble*, pour « établir avec *une complète certitude* le nombre des journées de détention « du mois puisqu'il s'établit nominativement sur les pièces contenant « ordres d'entrée et de sortie. »

Réponse Fournier. — « Si M. Mondet avait rapproché le total des « journées du contrôle nominatif de... il aurait reconnu *de suite...,* etc.

Le juge. — « *A mon point de vue,* cette absence de vérification ne « justifie en aucune façon le fait de Mondet. »

V

AUTODAFÉ

Bulletin d'entrée, daté !

Bulletin de sortie, daté !

Tels sont les deux papiers, les deux signes matériels à l'aide desquels sont déterminées l'entrée et la sortie des détenus. La durée de son séjour au Dépôt est précisée par la différence des dates et s'il y a lieu des heures ; car l'employé qui écroue a soin d'indiquer l'heure sur les bulletins.

Il n'y a pas d'erreur possible ou, s'il s'en commet une, ces deux bulletins sont là, *témoignages matériels*, pouvant servir à la rectifier.

Ainsi s'exprime, Messieurs, M. Puybaraud dans son rapport de police adressé à M. le Ministre de l'Intérieur, le 27 octobre 1891.

Nous sommes maintenant en 1899, devant les experts du Conseil de Préfecture. Ce rapport de police est dans leur dossier. Ils le lisent.

— Enfin, leur dit M. Lhermitte, je vais donc voir les preuves de mon crime !

— Impossible ! répond aussitôt l'expert de l'État.

« Ces documents ont été mal classés, égarés ou détruits. » (*Rapport Jacquelin, expert de l'Etat*, p. 47.)

— Mal classés, égarés ou détruits! Voilà qui est bientôt dit, répliquent les deux autres experts. Que sont devenus ces documents ?

— « Ils ont été brûlés ainsi que tous les livres de comptabilité des années 1891-1892-1893 sur l'ordre du Conseil d'hygiène, précise l'Administration, à la suite d'une épidémie de fièvre typhoïde qui s'est déclarée au Dépôt du 30 mars au 3 mai 1893. » (Déclaration de M. Durlin, directeur du Dépôt. *Rapport des experts*, p. 30.)

— Cela n'est pas possible, riposte M. Lhermitte.

— Si, vous dis-je, insiste l'Etat. « Ils ont été détruits par ordre du Conseil d'hygiène à la suite d'une épidémie. » (Conclusions de l'Etat au Conseil de Préfecture, 12 août 1902.)

— Voilà pardieu, un beau mensonge, se dit en aparté M. Lhermitte. Fort heureusement qu'il est écrit et signé. Autrement je sais un homme qui aurait vite fait de le nier. Il ne croit pas à la sténographie (1)... Croira-t-il à la signature du ministre ?

Mais précisons.

____

(1) Mᵉ Beurdeley, avocat à la Cour. Plaidoirie prononcée pour l'Etat le 23 novembre 1896, devant le Conseil de Préfecture : « Et ici, permettez-moi « de vous tenir en garde contre l'impression qui pourrait résulter de la « plaidoirie de l'adversaire au sujet de cette prétendue unanimité dé la « presse. (Mᵉ de Saint-Auban avait cité à l'appui de ses affirmations un grand nombre de journaux.)

« Quand on écrira l'histoire de notre temps, il ne faudra jamais prendre

Et M. Lhermitte précise. Il se souvient — ce sont là des choses qu'on oublie difficilement — qu'il comparut devant la cour d'assises les *1 2 et 1 3 mai 1894;* que les bulletins d'entrée et de sortie étaient versés aux débats, non pas qu'il les ait vus, mais parce que, dans leur rapport, les deux experts au criminel l'affirment (p. 19 et 26) (1). Il se rappelle encore que ce rapport est daté du *1 2 septembre 1893.* Comment donc les bulletins auraient-ils pu être brûlés au Dépôt du *30 mars au 3 mai 1893,* puisque quatre mois plus tard ils étaient encore entre les mains des experts ?

Ces réflexions faites, immédiatement M. Lhermitte s'enquiert. Son anxiété, vous le comprenez, Messieurs, est légitime. Il veut savoir. Et voici les déclarations écrites (2) que, par l'intermédiaire d'un tiers, il obtient de M. Meuger, ex-directeur du

---

« les journaux comme portant la vérité, notamment les journaux judi-
« ciaires... »

Me de Saint-Auban. — Et M. l'Avocat général Bulot !

Me Beurdeley. — Nous n'avons pas sa sténographie. Et puis, encore une fois, j'ai ce défaut, je crois à la photographie, je ne crois pas à la sténographie. J'avais un ami qui ne croyait même pas à la photographie. Je ne vais pas jusque-là. Je ne nie pas la lumière du jour, mais je ne crois pas à la sténographie.

(1) « Nous nous sommes donc fait remettre ces livres de contrôle et ces bulletins pour la période allant du 15 février 1890 au 31 janvier 1891 ». (*Rapp. des experts au criminel* p. 20.)

« A ceci viendraient s'ajouter les majorations constatées sur les journées et demi-journées passées par les filles publiques, d'après les totaux résultant de la récapitulation des bulletins d'entrée et de sortie. » (Même rapport, p. 26.)

(2) Lettre de M. Meuger à l'auteur.

Dépôt, qui dirigeait l'établissement au moment même de l'épidémie :

Je puis vous déclarer formellement que pendant toute la période de ma direction au Dépôt (1er juin 1887 au 1er août 1894) **aucun livre n'a été détruit.**

Pendant le typhus je n'ai pas quitté la maison, attendu que j'avais une plaie à la jambe droite : or aucun livre ne fut détourné ni de mon cabinet, ni du bureau du greffe et de la comptabilité. *Ceci peut être certifié par le docteur Martin et ses opérateurs chargés de la désinfection de tout le Dépôt.*

Ces messieurs me prièrent de ne rien déranger, attendu que leurs produits ne causeraient aucune détérioration.

Tout, dans ces bureaux, fut recouvert de draps de lit et les désinfecteurs firent leur besogne sans rien toucher.

Il y avait au-dessus de l'infirmerie spéciale un amas de vieux papiers *antérieurs à l'année 1870* : ils ont été détruits — ce n'était que des ordres d'entrée et de sortie sans valeur ; ces papiers ont été transportés près de la salle de bains dans un endroit où se trouvaient des cercueils. Ils furent brûlés par le chauffeur qui avait reçu ordre de ma part, s'il se trouvait le moindre petit registre cartonné de le mettre de côté. Il ne s'en est pas trouvé.

Si des registres courants, *surtout de comptabilité,* avaient été détruits, j'aurais reçu l'ordre de les anéantir **et surtout celui de les reconstituer ;** il y aurait eu à cette occasion *des procès-verbaux !!!* Je n'ai reçu aucun de ces ordres et *le registre de correspondance journalière du Dépôt (arrivée et départ)* — ouvert par mes soins en 1889 — peut en faire foi, puisqu'on y inscrivait *jour par jour* tout ce qui intéressait le service de la maison.

A l'époque du typhus, **toutes les pièces concernant le contrôle nominatif** *se trouvaient au Parquet ou entre les mains de M. Fournier*, commis-greffier ; mais de tout ce qui se trouvait au Dépôt, comme exercice courant, **rien n'a été détruit,** *je l'affirme !*

Qu'auriez-vous fait, Messieurs, en présence d'une déclaration aussi catégorique et aussi précise ?

L'Ad-mi-nis-tra-tion vient d'affirmer à trois reprises, en 1899, en 1900 et en 1902 que *toutes les pièces comptables* et la *comptabilité* ont été livrées aux flammes.

Cela est invraisemblable, impossible, la preuve s'en trouve, officielle, dans la procédure.

De plus, le fonctionnaire qui aurait été chargé de cette destruction affirme — et cela contrairement aux conclusions rédigées par M. le Ministre de l'Intérieur — qu'aucun livre n'a été brûlé, qu'aucun bulletin n'a été détruit, si ce n'est des bulletins antérieurs à 1870.

Sans perdre une minute — le 4 novembre 1902 — M. Lhermitte adresse contre X... une plainte à M. le Procureur de la République :

1° Pour destruction de pièces comptables appartenant à la comptabilité publique, avec cette circonstance aggravante qu'à l'époque même de leur destruction ces pièces servaient de base à une instruction judiciaire, et que leur existence fut affirmée à diverses reprises dans des procédures criminelles ou civiles et notamment dans des témoignages faits, sous la foi du serment, en cour d'assises ;

2° Pour destruction de registres officiels appartenant à la comptabilité publique.

Il conclut en ces termes :

Ou, la déclaration qui nous est faite aujourd'hui par l'administration est exacte, les pièces comptables qui servirent, en 1894, de base à l'accusation avaient été brûlées un an auparavant, en mars ou avril 1893 et alors vous voyez la gravité des conséquences qui en résultent pour ceux qui osèrent, à la barre de la cour d'assises, en faire état.

Ou, au contraire, cette déclaration est mensongère, ni ces livres, ni ces bulletins n'ont été détruits en 1893, et l'épidémie de typhoïde n'est qu'un prétexte, une excuse invoquée pour cacher un crime.

Cette plainte, communiquée à la presse par je ne sais quel indiscret, est reproduite par plusieurs journaux (1). La plupart au moins l'analysent. Un scandale est à redouter. Et, comme sous le coup d'une baguette magique, les livres de comptabilité et les pièces comptables renaissent peu à peu de leurs cendres.

Suivez attentivement, Messieurs, l'opération. Cela se passe au Parquet. Il n'y a ni truc, ni chausse-trappes, comme chez Robert Houdin. C'est M. Boul-

____

(1) *La Petite République, L'Aurore, Le Radical,* etc. Voir aux Annexes, p. 233.

loche, substitut du procureur de la République, qui opère. Il se borne à interroger.

Il s'adresse d'abord à M. Villaux, tiers-expert nommé par le Conseil de Préfecture, qui, sans hésiter, précise nettement la situation en ces termes :

Je ne puis, déclare-t-il, que maintenir les termes du rapport que j'ai dressé de concert avec MM. Jacquelin et Aubry. Nous avons eu besoin de consulter les registres nominatifs, ainsi que les bulletins d'entrée et de sortie, ceux-ci devant nous permettre de contrôler les deux registres.

Le directeur du Dépôt nous a répondu que ces registres et bulletins n'existaient plus, mais avaient été brûlés lors d'une épidémie de fièvre typhoïde qui a sévi au Dépôt du 30 mars au 3 mai 1893. Cette réponse m'a surpris, et j'ai fait remarquer que le Conseil d'hygiène ne doit pas pouvoir donner l'ordre de brûler des registres, mais seulement de les désinfecter.

Et j'en suis maintenant d'autant plus surpris que l'on devrait au moins retrouver les registres postérieurs au 3 mai 1893, date où cessa l'épidémie, jusqu'au 31 décembre de la même année. Dans ces conditions, n'ayant pas les documents nécessaires, nous n'avons pu établir notre rapport, et nous avons demandé au Conseil de Préfecture de nous autoriser à nous servir des pièces de comptabilité de M. Lhermitte. Le Conseil, sur ce point, n'a pas encore statué (1).

Ecoutez maintenant, Messieurs, les variantes de M. Jacquelin, expert de l'Etat. Il ne peut nier la

(1) Déposition Villaux devant M. Boulloche, substitut, 10 décembre 1902 cote 5 du dossier.

vérité. Il l'a signée avec ses deux coexperts, en signant le rapport d'expertise, déposé au greffe du Conseil de Préfecture. Mais quel n'est pas son désir de l'atténuer, d'en amoindrir les effets, l'importance, d'en faire une chose sans gravité, comme un mensonge innocent !

D'abord, il entend bien qu'on sache qu'il y eut *deux* entrevues entre les experts et M. Durlin, directeur du Dépôt :

Nous nous sommes rendus, dit-il, au Dépôt et nous avons demandé à M. Durlin de nous représenter les bulletins d'entrée et de sortie, et les registres de comptabilité. M. Durlin, en ce qui concerne les registres, nous a déclaré que ceux-ci n'étaient plus au Dépôt, mais avaient été joints aux pièces de l'instruction criminelle ouverte (1). Quant aux bulletins, il ne savait ce qu'ils étaient devenus.

Telle est la première entrevue. Vous remarquez bien, Messieurs, qu'il n'y est point question de l'autodafé, que les livres sont au greffe, les bulletins « on ne sait où », et que M. Jacquelin dit toujours « *nous* » : « Nous nous sommes rendus. » « M. Durlin nous a déclaré. »

Tout autre est la seconde :

(1) Les livres auxquels fait allusion M. Jacquelin dans cette déposition sont évidemment ceux de la période incriminée (1890-janvier 1891). Les autres, ceux des années 1891-1892-1893 n'ont jamais été transportés au greffe.

Ce n'est, continue M. Jacquelin, **que quelque temps après** que *M. Villaux*, mon coexpert, sur l'insistance de M. Lhermitte, *réclama* encore les bulletins, ainsi que les registres de distribution de pain aux détenus. *M. Durlin*, qui n'était pas en fonctions en 1893 *(première excuse!) lui répondit qu'il pensait (on n'affirme plus rien)* que ces bulletins *avaient dû (ce n'est plus qu'une probabilité!)* être brûlés en même temps que de nombreux papiers sans importance, sur l'ordre du Comité d'hygiène, en raison de l'épidémie survenue dans l'établissement, du 30 mars au 3 mai 1893.

D'après ce récit même, il semble bien que M. Jacquelin n'assista pas à l'entrevue. Il ne dit plus « nous », mais « M. Villaux ». Il ne déclare plus : « M. Durlin nous répondit », mais « M. Durlin *lui* répondit ». Et cependant il corrige. Il atténue les déclarations enregistrées par son coexpert. Et lorsque M. Boulloche, substitut du procureur de la République, lui pose cette question :

— M. Durlin vous a-t-il dit de qui il tenait ces renseignements ?

Il répond :

— Aucunement, M. Durlin n'a pas apporté davantage de précision dans ses réponses.

Comment le sait-il, s'il n'était là pour l'entendre ?

Et pourquoi alors a-t-il contresigné une déclaration contraire dans le rapport des experts ?

Il ajoute :

D'ailleurs, mon opinion personnelle est que *ces bulletins n'ont pas l'importance qu'on leur attribue.* Ils servent à établir l'état nominatif des journées de détenus dues à l'entrepreneur, et quand cet état est dressé, je conçois que l'on n'attache plus d'importance à ces bulletins (1).

Et les livres de comptabilité? Ces fameux livres des années 1891-1892-1893, que l'Administration déclarait brûlés ? (**Rapport des experts**, page 30.)

Que sont-ils devenus? Sont-ils, eux aussi, sans importance? M. Jacquelin n'en parle pas.

Dieu me garde d'aucune critique. La maréchaussée serait capable de me la reprocher. Je me borne à constater. Je n'oublie pas, que l'existence ou la non existence de la comptabilité publique ne regarde — l'Etat l'a dit — ni M. Lhermitte, ni les contribuables. A quel titre donc s'en préoccuperaient les juges?

Cependant M. Durlin, directeur du Dépôt, est appelé, lui aussi, devant eux à s'expliquer. Et avec lui, livres et bulletins sortent comme par enchantement de leur brasier :

J'ai pris, déclare-t-il, la direction du Dépôt fin août 1894. Peu de temps après mon arrivée, j'ai trouvé

____

(1) Déposition Jacquelin, 9 décembre 1902, cote 4.

pêle-mêle, sous une voûte, un nombre considérable de bulletins afférents aux seules années 1890-1891-1892. J'ai fait dresser un état que je vous représente, duquel il apparaît que si certains mois sont complets, d'autres renferment de nombreuses lacunes. L'état se termine à l'année 1892, parce que l'entreprise de M. Lhermitte, ayant pris fin au 15 février 1893, je n'ai pas cru devoir pousser plus loin ce travail.

Lorsque, dans l'année 1898, les experts sont venus au Dépôt et m'ont demandé certains documents, *je ne me rappelle pas quels livres ils me réclamaient* (!!), je leur ai répondu, *d'après les dires d'un gardien, dont je ne me rappelle plus le nom aujourd'hui, que ces papiers avaient dû être brûlés,* lors d'une épidémie de fièvre typhoïde en 1893.

En faisant cette réponse, *je reproduisais un bruit* qui court encore au Dépôt.

Les experts ont consulté les registres d'écrou, et je pense aussi les contrôles nominatifs et numériques. *En ce qui concerne les bulletins, il ne me semble pas qu'ils aient insisté beaucoup pour les avoir, car à cette époque on n'attachait pas d'importance à ces documents* (1), qui ne sont pas des pièces comptables. Je ne me souviens même pas si je leur ai signalé l'existence des bulletins incomplets pour les années 1890-91-92, dont je vous ai parlé au début de ma déposition.

En somme, actuellement, *les experts peuvent avoir à leur disposition, pour les années d'entreprise de M. Lhermitte,* non seulement *les livres d'écrou,* mais encore *les registres numériques* (ce sont les registres indiquant l'effectif journalier des détenus par catégories et par

____

(1) A cette époque, août 1899, on apportait si peu d'importance à ces bulletins que c'est sur « l'insistance de M. Lhermitte » que M. Villaux, expert nommé par le Conseil, vint une deuxième fois les réclamer. (Déposition Jacquelin.)

chiffres) et *les registres nominatifs*, qui sont la contrepartie des registres d'écrou destinés à la comptabilité de l'entreprise.

En ce qui concerne *les bulletins*, ils *existent* dans la mesure que je vous ai indiquée tout à l'heure et dont j'ai fait l'état ci-annexé.

Je ne crois pas que M. Lhermitte et M. Villaux soient au courant de l'existence de cette catégorie de bulletins (1).

Ainsi se font de nos jours, sans efforts, et sans l'intermédiaire de l'Eglise, les plus déconcertants miracles. Les constatations les plus officielles faites par des experts, sur l'affirmation d'un fonctionnaire et d'un ministre, s'évanouissent. Et comme ceux-là ont tort qui disent que « le mensonge n'a qu'un temps ». C'est la vérité qu'il faut dire, car vous pensez bien que ni M. Jacquelin, expert de l'Etat, ni M. Durlin, fonctionnaire, ni le ministre n'ont jamais menti. Ils ont toujours proclamé la vérité, et seulement la vérité.

---

(1) Déposition Durlin, 11 décembre, cote 6.

M. Meuger fut également entendu. Il déclara que les bulletins d'entrée et de sortie étaient sans importance, qu'ils ne constituaient pas des pièces comptables et que la déposition de M. Durlin lui paraissait exacte. Il n'en maintint pas moins ses affirmations. « Je répète en terminant, déclara-t-il, « et je l'affirme absolument qu'aucun registre n'a été brûlé et en ce qui « concerne les bulletins il est possible qu'un certain nombre d'entre eux « afférents aux années incriminées aient été joints aux registres numériques « envoyés au greffe.

« D'ailleurs, j'ai dû, à ce moment, retirer des mains de M. Habert, un « reçu mentionnant le nombre et la nature des pièces communiquées et qui « doit se trouver au greffe. On doit découvrir la trace de ce reçu sur le « registre de correspondance, à la date indiquée. »

M. Meuger n'a pas voulu accabler son ancien collègue M. Durlin. Mais le rapport Puybaraud demeure entier, et les « Bulletins d'entrée » conservent au procès toute leur importance : témoignages matériels ! ils furent. Ils le demeurent.

Quand ils affirmaient, et cela dura cinq ans, de
1897 à 1902, que les registres de la comptabilité et
les bulletins étaient brûlés, ils disaient la vérité.

Il en est de même aujourd'hui lorsqu'ils déclarent
le contraire. Et cela nous prouve seulement que la
vérité n'échappe pas à la loi générale. Tout est
relatif en ce bas monde.

En 1892 par exemple, à l'instruction, on considé-
rait comme une lourde charge contre M. Lhermitte
la destruction, par un détenu, de quelques bulletins
d'entrée et de sortie. C'était la preuve même du
crime(1). Aujourd'hui, l'Administration nous déclare
que si ces bulletins renaissent de leurs cendres, ils
ne sauraient cependant être utilisables. Elle en a
détruit des milliers concernant des mois entiers.
Cela est sans importance.

N'est-ce pas de toute évidence? Dans une société
bien organisée, la personnalité morale de l'Etat doit
être, comme le soleil, à l'abri de toute atteinte. Et
qui donc lui voudrait contester le droit d'éclairer la

---

(1) « Nous n'avons pas tardé à nous apercevoir qu'un contrôle par le
« rapprochement de ces deux sortes de documents (bulletins d'entrée et de
« sortie) non seulement serait très long et très difficile, mais encore ne
« pouvait donner des résultats ni complets, ni probants. En effet, une
« partie des bulletins manquaient et leur absence était expliquée par ce
« fait qu'un nommé Le Guay, détenu, employé comme comptable au service
« de l'entreprise faisait disparaître des bulletins afin qu'on ne trouvât pas
« la preuve des majorations. » Combien ce détenu avait-il détruit de bulletins ? Fort peu sans doute puisque contrairement aux affirmations de
MM. Ancel et Flory, M. Fournier, agent de l'Administration, a pu, grâce à
ces bulletins, se livrer à un travail plus complet que le leur. Il fixe le
nombre des majorations à 33.611 j. 5, tandis que les experts n'arrivent
qu'au chiffre de 30.867 j. 5.

Vérité suivant le jour qui lui convient, à sa guise. « Qu'importent quelques vagues humanités, pourvu que le geste soit beau ! »

Je m'en voudrais donc de discuter, Messieurs. Une fois de plus, respectueusement, très respectueusement, M. Lhermitte s'incline.

S'il voulait percer à jour les dernières déclarations des représentants de l'Etat touchant les bulletins, rien ne lui serait plus facile. Il lui suffirait de se reporter au rapport de l'expert de l'Etat (p. 44, 45, 46 et 47). On y apprend qu'après avoir lu l'arrêt du Conseil de Préfecture du 12 décembre 1896, M. Jacquelin s'est mis en quête de rassembler les documents nécessaires concernant l'affaire du Dépôt :

C'est dans ce sens, écrit-il, que les experts ont invité l'Administration à mettre à leur disposition tous registres, toutes pièces comptables, ou tous autres éléments d'informations nécessaires en la cause.

... Les réponses se sont fait longtemps attendre, car les registres incriminés lors du procès de 1894, se trouvaient *retenus* au greffe de la cour d'assises comme pièces à conviction.

Il est clair que si le 12 décembre 1896, les registres incriminés étaient encore *retenus* au greffe criminel comme pièces à conviction, les bulletins d'entrée et de sortie qui avaient été livrés en même temps aux experts et au juge s'y trouvaient aussi.

Comment donc, alors, fut-il possible au directeur du Dépôt, M. Durlin, de les trouver en 1894, dans son établissement... sous une voûte?

M. Lhermitte pourrait se poser bien d'autres questions encore. Mais il sait son devoir de citoyen. Et l'Administration ne vient-elle pas de lui apprendre qu'à jouer avec le feu on se brûle?

VI

« EN PLEINE CONNAISSANCE DE CAUSE »

Vous avez ordonné, Messieurs, par votre arrêt du 25 juin 1898, qu'il « serait, par trois experts — en présence des parties ou elles dûment appelées — procédé à une expertise ayant pour objet... de vérifier le nombre des journées de détention du Dépôt du *15 février 1890*, date du commencement de l'entreprise au *15 février 1893*, époque à laquelle elle a pris fin ; d'en établir et d'en fixer le chiffre »..

En rendant cet arrêt qui complétait celui du 12 décembre 1896, vous avez entendu élargir le débat comme vous le demandait M. Lhermitte. Vous avez voulu que l'expertise portât sur les *trois années* de l'entreprise, et non pas seulement sur l'année incriminée.

Comme pièces justificatives, que vous apporte aujourd'hui l'Etat? *Huit registres* du contrôle nominatif concernant *l'année 1890* et le mois de *janvier 1891*.

8.

— Où sont les autres? Ceux des années 1891, 1892 et 1893.

— Brûlés, dit l'Etat.

— Ressuscités, dit l'enquête de M. Boulloche, substitut du procureur de la République.

En attendant on ne vous les montre pas. On ne les verse pas aux débats. « Les experts *peuvent* les avoir à leur disposition, » dit M. Durlin. Et cela, vous le comprenez, ne veut pas dire qu'ils les auront, que vous les aurez et que M. Lhermitte les verra. Grande est la différence entre promettre et tenir, entre affirmer et prouver. Si tant est que vous vous décidiez jamais à vous déguiser vous-mêmes en experts, sur quelles pièces donc allez-vous expertiser ?

Allez-vous, reniant votre propre arrêt du 25 juin 1898, vous borner à vérifier seulement là comptabilité d'une année (février 1890-janvier 1891)? Où sont les pièces comptables? les documents indispensables à la vérification?

Vous voulez voir les bulletins d'entrée et de sortie ? Voici ce qu'il en reste d'après l'état dressé en 1894 (?) par M. Durlin, remis en 1902, à M. le Procureur de la République :

Année 1890

Mois	Bulletins d'entrée	Bulletins de sortie
Janvier . .	Manque.	Manque.
Février . .	Manquent du 15 au 18.	Manque le 16 seulement.
Mars . . .	Manquent le 19 et 22.	Manquent les 1, 5, 11, 16, 17, 19, 20, 21, 22.
Avril . . .	Complet.	Manquent 7, 21, 28.
Mai	Manque.	Manque le 25.
Juin	Manque.	Manquent les 1, 3, 6, 7, 8, 9, 10, 12, 13, 14, 15, 19, 29.
Août . . .	Complet.	Complet.
Septembre.	Complet.	Complet.
Octobre . .	Complet.	Manque.
Novembre .	Manque.	Complet.
Décembre .	Le 6 seulement.	Complet.
Janvier 1891.	Manque.	Complet.

Encore est-il que ces renseignements n'ont qu'une valeur très relative.

« Complet » ne peut signifier, par exemple, que tous les bulletins afférant au mois correspondant existent bien. Non pas. Cela signifie seulement qu'il existe un certain nombre de bulletins pour chaque jour. Et quelles garanties nous peuvent présenter aujourd'hui ces pièces de vérification qui traînèrent pendant je ne sais combien de mois et d'années — au milieu de vieilles paperasses — dans les couloirs du Dépôt, sous des voûtes ?

Voulez-vous voir les registres numériques ?

Encore un contre-temps fâcheux. Ils ne peuvent vous être utiles à quoi que ce soit. Ils devraient concorder avec les registres du contrôle nominatif, mais ils n'ont pas été établis en conformité des prescriptions des règlements et du cahier des charges. Ils ne peuvent donc concorder.

— « C'est là une anomalie, vous dit l'expert de l'Etat, qui, n'existant dans aucune autre prison, est particulière à la seule maison du Dépôt près la Préfecture de Police. » (*Rapport Jacquelin,* p. 62.)

« Anomalie » voilà l'explication. Que ne la fit-on connaître tout d'abord à M. Lhermitte ? Et pourquoi commença-t-on par prétendre qu'il n'avait pas à savoir si ces registres existaient ou n'existaient pas ? Pourquoi les fit-on disparaître ensuite dans les flammes et les ressuscita-t-on enfin ?... N'interrogez pas. C'est un mystère.

Voulez-vous voir au moins le livre d'écrou ?... Il est incomplet. Les noms des femmes ne figurent pas sur ce document. Et la population féminine entre, vous le savez, pour près de moitié dans la population totale du Dépôt. De plus, ce livre ne porte aucune mention des heures d'entrée et de sortie.

— Comment peut-on alors vérifier les demi-journées ?

— C'est le secret de MM. Ancel et Flory.

— Quel sera donc, interrogez-vous, notre contrôle ?

— Vous n'en avez aucun.

— Si fait, réplique l'Etat. J'apporte aujourd'hui à la barre un document probant. Il est signé de M. Fournier, greffier-comptable...

— Qui travaillait sous les ordres de M. Puybaraud, insinue M. Lhermitte.

— Il est daté du 25 mai 1892, poursuit l'Etat.

— Avant l'épidémie, riposte M. Lhermitte. Plus heureux que les livres, il a échappé aux flammes.

— Ça ne vous regarde pas, interrompt sévèrement l'Etat.

— Montrez toujours, demande M. Lhermitte.

Et glorieusement l'Administration s'exécute.

— C'est un tableau, débute M. Jacquelin sur le ton d'Oronte disant : « C'est un sonnet » ; « un tableau donnant mensuellement et par catégorie d'individus le nombre de journées de détention avant et après vérification du contrôle nominatif en 1890-1891. »

— Et comment est-il établi ce tableau ? interroge M. Lhermitte.

— Voici, répond M. Puybaraud. J'ai fait rectifier tout le mois de décembre 1890 (le plus chargé en journées) et, sur le registre, les corrections ont été faites à l'encre rouge, chaque nom ayant été successivement contrôlé à l'aide des bulletins d'entrée et de sortie (1). L'opération a été longue ; elle a exigé

(1) La vérification du mois le plus chargé en journées a demandé dix jours, en contrôlant tous les bulletins d'entrée et de sortie (méthode Four-

une dizaine de jours, mais elle a été fructueuse.

Ce travail de vérification se continue dans ce moment. Il sera fort long puisqu'il s'appliquera à huit mois, c'est-à-dire à plus de 160.000 noms de détenus dont il faudra vérifier les dates d'entrée et de sortie. (*Rapport Puybaraud*, p. 21 et 22.)

— C'est bien cela ? demande encore M. Lhermitte, en se tournant du côté de l'Administration.

— Parfaitement répond l'Etat. Lorsque la cour d'assises, eut déclaré qu'il n'y avait pas de faux « l'Administration résolut de revendiquer, devant le Conseil de Préfecture, cette somme (18.366 fr. 16) indûment touchée par l'entrepreneur. Pour formuler cette revendication elle fit procéder, par un de ses employés, à la vérification minutieuse des contrôles nominatifs ».

— En 1894, alors ?... Mais M. Jacquelin a déclaré que ce travail était daté du 25 mai 1892... M. Puybaraud y fait allusion dans son rapport d'octobre 1891... et les experts au criminel en enregistrent le total dans leur rapport du 12 septembre 1893...

— Voilà bien qui a de l'importance ! « Cette

nier). MM. Ancel et Flory ont renoncé à faire ce travail parce que c'eût été, disent-ils, trop long et trop difficile. Nous devons donc croire que leur méthode était plus rapide. Les vérifications portaient sur *dix mois*. Or ils ont été commis par une ordonnance du juge, en date du 13 janvier 1892, et leur rapport a été déposé le 12 septembre 1893. Ils ont donc mis dix-huit mois à faire un travail qui demandait trois mois et dix jours. Pendant ce temps-là on préparait l'opinion et on cuisinait M. Lhermitte en le traînant de juge d'instruction en juge d'instruction sous les inculpations les plus diverses.

vérification fut faite au moyen des bulletins d'entrée et de sortie. »

— Ils ne se promenaient donc pas à cette époque, comme l'affirme M. Durlin, dans les couloirs du Dépôt... sous la voûte ?

— ... !!

— N'importe... Quel argument tirez-vous de ce tableau ? insiste M. Lhermitte.

— Il concorde avec le travail des experts. « Les résultats de l'expertise judiciaire sont conformes aux vérifications effectuées par M. Fournier. » *(Conclusions de l'Etat*, 12 août 1902, p. 7.)

Exemple :

Les experts au criminel fixent le nombre des majorations à . . . .   30.867 journées 1/2

L'agent de l'Administration
arrive de son côté au chiffre de.   33.611 journées 1/2

« Différence négligeable ». .   2.744 journées

Du moment que ces messieurs sont d'accord sur les décimes, c'est-à-dire sur les demi-journées, peu importe le reste, la différence est « négligeable ». Ainsi compte-t-on dans l'Administration, et cela est, je le reconnais, fort sage, car il en coûte beaucoup moins cher aux contribuables que d'entretenir, comme en certains pays, des milliers et des milliers de fonctionnaires gratte-grimoires qui passent des années à redresser des comptes sans jamais retrouver les erreurs. Chez nous, rien de cela. Pas de frais inutiles. Et il n'est pas un employé au ministère qui (hormis les jours de courses à Auteuil, Longchamps ou ailleurs) ne soit tenu du matin jusqu'au soir par son travail.

Vous voici donc enfin, Messieurs, en présence de deux documents « concordants ».

Cela est grave. Et M. Lhermitte ne s'est pas un seul instant mépris sur l'importance de ce nouveau document. Jamais il ne lui est venu à l'esprit que les experts au criminel et M. Fournier avaient pu s'entendre pour arriver à un total approximativement semblable. Il a trop le respect des auxiliaires de la justice pour cela. Et puisqu'on lui présentait un travail, il s'est donné la peine de l'examiner.

Dois-je vous le dire, Messieurs? Le résultat de son examen a été tel que M. Lhermitte se demande comment l'Etat a osé vous soumettre ce tableau comme *pièce de comparaison*. Par une malchance extraordinaire, en effet, les chiffres de M. Fournier, qui ne concordent déjà qu'approximativement dans leur total avec ceux des experts, ne concordent pas du tout avec les chiffres de ces mêmes experts dans leur détail. Le premier trouve des majorations là où les seconds n'en virent point, tandis que les deux experts en relèvent là au contraire où M. Fournier a constaté — tel en avril — que l'irrégularité des comptes avait préjudicié à M. Lhermitte.

Voici, pour le surplus, le rapprochement par mois — le seul auquel M. Lhermitte a pu se livrer puisqu'on ne lui donne pas d'autres chiffres — des majorations relevées tant par M. Fournier que par les experts :

Relevé des majorations totalisées par mois.

ANNÉE 1890	D'APRÈS M. FOURNIER	D'APRÈS LES EXPERTS	DIFFÉRENCE
Février . . .	929,5	»	929,5
Mars	234,5	»	234,5
Avril	145	266	411
	au détriment de M. Lhermitte		
Mai	2084,5	1490	594,5
Juin	3892	1306,5	2585,5
Juillet	2050,5	2737	686,5
Août	3410,5	2973	487,5
Septembre. .	2505,5	2201,5	304
Octobre . . .	4143	4719,5	576,5
Novembre . .	4638	5415,5	779,5
Décembre . .	5682,5	4529,5	1153
Janvier 1891 .	2749	3004	255
		TOTAL . .	8947 j.

Soit une différence totale de 8.947 journées sur 30.000 journées.

Qui vous dira, Messieurs, où est la vérité ? Détruites sont les pièces justificatives qui pourraient peut-être départager les auteurs de ces travaux contradictoires.

Qui vous expliquera, par exemple, comment et par

qui furent majorés les états nominatifs des mois de février et mars 1890, puisque M. Lhermitte ne fut chargé d'établir ce travail qu'en avril suivant ?

Qui vous dira encore comment le tableau qui vous est présenté aujourd'hui sous la signature de M. Fournier fixe définitivement, à l'encre rouge, à 33.611 journées 5, le nombre des majorations qui auraient profité à M. Lhermitte alors que, suivant le rapport même des experts au criminel, il était arrêté à cette époque au chiffre de 32.276 j. 1/2 ?

Autant de questions qui ne préoccupent pas notre adversaire. L'Etat, c'est Lui. Et il affirme solennellement dans ses conclusions du 12 août 1902, page 13, que son dossier suffit à vous éclairer et que vous pouvez ainsi « *apprécier en toute connaissance de cause* le bien fondé de sa demande ».

S'il est vrai que les juges auxquels s'adresse l'Etat aient aussi la liberté d'apprécier l'*immoralité* de ses procédés et le *mal fondé* de ses demandes, je me garderai d'en douter.

VII

DEUX MINUTES D'EXPERTISE

Voulez-vous, malgré tout, expertiser, Messieurs ?
Expertisons. Deux minutes seulement. Pour rire.

D'abord, quel est le montant de la demande de
l'Etat ? A combien s'élève exactement le préjudice
certain causé au Trésor ?

En 1893, les experts criminels répondent. 13.875ʳ99

En 1894, d'après les mêmes experts et
en tenant compte d'une somme que les
auxiliaires de la justice avaient cru
devoir indiquer seulement pour mé-
moire, l'Administration répond 18.366 16

En 1897, nouvelles conclusions, autre
chiffre. 18.355 76

En 1902, même demande 18.355 76

D'où viennent ces nombres ?

En 1894, l'Administration affirme que la somme

de 18.366 fr. 16 est le produit de la multiplication
suivante :

Nombre des journées ma-
jorées . . . .   30.867 j. 5
   Le prix de journée . . .   o fr. 595
   Produit 18.366 16
   En 1897, même multiplication :
30.867 j. 5 × o fr. 595, autre résultat. .   18.355 76

Deux produits différents pour une même opération. La situation est fâcheuse.

Et en 1902, l'Etat se ravise. Il veut expliquer son
chiffre. Il indique que cette somme de .   18.355 76
a été empruntée au travail de M. Four-
nier (1), travail qui lui-même est arrêté
à la somme de 19.988 84
réduite par M. Jacquelin, au cours de
l'expertise, à la somme de. 19.204 47

Voilà la demande. Examinons les chiffres qui la
justifient.

Quel est, d'après les hautes autorités administratives et judiciaires, le nombre des journées qui
auraient dû être payées à M. Lhermitte?

M. Fournier nous dit. 202.932 5
   Les experts criminels qui ont vérifié
son travail disent que ce travail était

______

(1) M. Lhermitte a ignoré complètement ce travail jusqu'au jour où
M. Jacquelin, expert de l'Etat, le versa à l'expertise. Cependant ce travail
est visé dans le rapport des experts au criminel. Pourquoi n'était-il pas
joint au dossier? Pourquoi ne fut-il pas communiqué aux accusés?

arrêté, en 1892, à 204.267ʲ5

D'autre part, si vous refaites les additions de M. Fournier, vous trouvez 204.382ʲ5

Interrogez-vous le rapport des experts au criminel ? Il vous donne un autre chiffre 205.676ʲ5

Et comme cela ne suffit pas encore, l'Administration en indique arbitrairement un cinquième . . . . 205.693 $\frac{117}{119}$

N'insistez pas, Messieurs, on vous apporterait immédiatement de nouveaux chiffres.

Faisons maintenant des mathématiques pures :

Reprenons le travail de M. Fournier. Il se compose de plusieurs tableaux remplis de chiffres non moins concordants qu'officiels. L'Etat en invoque aujourd'hui l'autorité. Additionnons, soustrayons, multiplions.

TABLEAU I

Additions.

	Totaux Fournier	Totaux réels
1ʳᵉ colonne. . .	212.944	212.867
2ᵉ colonne. . .	180.000	180.010
4ᵉ colonne. . .	48.535	48.565

Soustraction.

Admettons pour un instant comme exacts les totaux de M. Fournier et poursuivons notre vérification :

Il ressort de ces totaux que les registres du contrôle nominatif ont été majorés de . . . 32.944 j journées entières.

Par contre, on a omis d'y faire figurer

1.335 demi-journées, soit à déduire $\dfrac{1335}{2} =$ 667 j 5 journées entières.

Différence. . . . . 32.276 j 5

Et M. Fournier trouve 33.611 j. 5 !

Multiplication.

Admettons encore tous ces résultats comme exacts, et multiplions.

M. Fournier nous dit : les états nominatifs ayant été majorés de 33.611 j. 5 à 0.595,

cela fait. . . . . 19.988 f 84,25

Ne refaites pas l'opération, vous trouveriez . . . . 19.998 f 84,25

Allez-vous vous étonner de semblables erreurs ? Vous auriez tort. Il y a mieux.

A côté de ce tableau I — tableau récapitulatif,

tableau Gigogne si vous voulez, — l'Etat a fait dresser par son comptable-expert, M. Fournier, des amours de tableaux dits de *concordance*. Ce sont de petites merveilles.

Voici comment M. Jacquelin en explique le mécanisme et le fonctionnement :

Pour retrouver la concordance avec l'état récapitulatif (tableau I) il faut ajouter aux totaux du tableau II (développement) les journées et demi-journées de l'infirmerie spéciale, ainsi qu'il est établi au tableau IV.

La concordance, voilà le « criterium » de l'Etat(1). Il faut que *les totaux* concordent. Et vous pouvez vérifier. Ils concordent.

Autre chose est le détail.

Prenons un exemple. Comparons le tableau I et le tableau IV. Nous y trouvons :

		Tableau I	Tableau IV
4 juin 1890. — Journées de l'infirmerie spéciale *après vérification.*	Hommes	140	
	Femmes	62	
		=	192

<hr>

(1) « Le rapprochement du tableau I tant avec les registres des chiffres « nominatifs qu'avec les majorations relevées par les experts en leur rapport « offre une certaine présomption et presque un *criterium de certitude* que « l'état récapitulatif (tableau I) peut *sans danger* servir de base pour « apprécier comme vrai le chiffre de 18.355 fr. 76 réclamé par l'Etat en sa « demande reconventionnelle et **certifier** que des majorations ont été « faites au détriment de l'Administration pendant la période écoulée du « 15 février 1890 au 31 janvier 1891. » (*Rapport Jacquelin*, expert de l'Etat, p. 55.)

Oh criterium ! oh certitude !

$$\left.\begin{array}{l}\textit{Août 1890.} \text{— Nombre des demi-journées dans le même service } \textit{après vérification.}\end{array}\right\}$$

	Tableau I		Tableau IV
	Hommes 59		
	Femmes 60	=	89

Le rapprochement du tableau I avec le tableau III ne donne pas de meilleurs résultats.

Exemple :

Août 1890. — Nombre de journées payées à l'entrepreneur.

		Tableau I		Tableau III
Infirmerie spéciale	Hommes	11.859		
	Femmes	6.958	19.042	19.119
	Hommes	132		
	Femmes	93		

Qu'importe, n'est-il pas vrai, puisque la concordance existe entre les totaux généraux ? Cela s'appelle en langage militaire « faire cadrer ».

Aussi bien est-il permis à des experts-comptables tels que MM. Ancel et Flory qui, j'imagine, virent ces chiffres puisqu'ils les invoquèrent, comme au comptable-expert de l'Administration, M. Fournier, de prendre avec la mathématique quelques privautés de temps à autre.

Quand on vit toujours avec les chiffres, on s'en lasse. A dire tous les jours 2 et 2 font 4, cela devient banal et il faut bien se distraire. Pour changer on dit parfois 2 et 2 font 5, 59 et 60 font 89.

Cela est sans importance quand, à côté des chiffres établis, les pièces comptables sont là, permettant de vérifier. Mais n'oubliez pas, Messieurs, je vous en prie, qu'elles sont absentes. Elles ont été brûlées en 1893, et ne sont ressuscitées en 1902, qu'après avoir été s'égarer sous une voûte. Or, les chiffres qu'on nous donne résument *mois par mois seulement* un travail qui porte sur plus de 160.000 bulletins (1), concernant plus de 300 jours.

Qui nous dit que les opérations faites sur chacun de ces bulletins d'abord et pour chaque jour ensuite furent plus heureuses ?

Je me garde de toute critique. Je ne suis point expert-comptable, et je n'ai pas le droit de qualifier ces erreurs, de :

Majorations par fausses additions;

Majorations par fausses soustractions;

Majorations par fausses multiplications;

Majorations par faux reports.

Cependant il est un détail frappant. Toutes ces erreurs — sauf une — sont commises au préjudice de M. Lhermitte. Et — comme disait le juge en 1894 — l'exception a dû être volontaire pour donner un peu de crédit à la thèse des erreurs.

Tel est le travail de M. Fournier que l'Etat vous soumet et dans lequel vous devez trouver, affirme-t-il, un « criterium de certitude ». (*Rapport Jac-*

______

(1) *Rapport Puybaraud.*

9.

quelin, p. 55.) Il ajoute aujourd'hui dans ses conclusions que « dans ces conditions on est en droit de
dire que les deux méthodes ont abouti à des *résultats
identiques*, **identité qui démontre l'exactitude du travail** fait d'un côté par les experts
judiciaires et de l'autre par l'employé de l'Administration ». (*Conclusions de l'Etat*, 12 août 1902.)

S'il y a identité, Messieurs, elle est hélas ! dans
l'inexactitude.

VIII

Les registres de contrôle numérique sont, paraît-il, ressuscités. L'Etat l'affirme. Malheureusement, il ne les montre.

A ce sujet, son expert, M. Jacquelin, s'exprime ainsi dans son rapport (p. 6o) :

D'autres documents ont été présentés. Ce sont des registres dits numériques, etc...

A qui ont-ils été présentés ? A M. Jacquelin seul. Personne d'autre ne les a jamais aperçus.

« En ce qui concerne le rapprochement des registres du contrôle nominatif avec les registres du contrôle numérique, disent les experts, M. Jacquelin, expert de l'Etat, *nous a déclaré* qu'aucune concordance n'avait jamais existé entre ces deux registres. » *(Rapport des experts,* p. 26).

Les experts n'ont donc pas vérifié. M. Jacquelin leur a déclaré. Ils l'ont cru. Et vous vous trouvez encore aujourd'hui, Messieurs, dans la même situation. L'Etat vous affirme. Il vous dit : les livres existent. Ils ne concordent pas, voilà tout... Et il les cache. Tant et tellement qu'ils ne figurent pas dans le dossier que M. Chauvin, chef du deuxième bureau de l'Administration pénitentiaire, a osé soumettre, au nom de M. le Ministre de l'Intérieur, au Conseil de Préfecture... en l'invitant à statuer « en toute connaissance de cause ».

Ce que sont ces livres, du moins ce qu'ils devraient être, nous le savons. Nous en avons emprunté la définition aux règlements d'abord, à la déposition de M. Fournier, commis-greffier au Dépôt, ensuite. Voici maintenant la définition qu'en donne M. Jacquelin, expert de l'Etat :

« Ce sont, dit-il, des registres « numériques » de population destinés à l'enregistrement journalier des mouvements des entrées et des sorties et dont le *total doit* **naturellement** *se trouver en concordance avec les opérations des registres du contrôle nominatif.* » *(Rapport Jacquelin, p. 6o.)*

M. Lhermitte ne prétendit jamais autre chose. Et les livres que définit ainsi M. Jacquelin ne sont pas des livres de contrôle numérique quelconques, ce sont ceux du Dépôt, ceux-là mêmes qu'on vient de lui présenter.

Les registres doivent concorder. C'est le droit. Ainsi le proclame lui-même l'expert de l'Etat. Et aussitôt il constate (p. 62 de son rapport) qu'ils ne concordent pas.

Pourquoi ? Il le veut expliquer et comme toujours l'explication est simple. M. Jacquelin la résume en ces quelques mots :

« Les registres numériques contiennent, écrit-il, *tous* les mouvements, *même* les journées nulles, c'est-à-dire qu'ils comptent, comme journées entières, les détenus entrés et sortis dans la même journée. » (*Rapport Jacquelin*, p. 62.)

— Enfin, voilà qui est clair, dit M. Lhermitte. Les registres de contrôle numérique enregistrent *tous* les mouvements. *Ils font même ressortir les journées nulles qui ne doivent pas figurer au contrôle nominatif.* Leur *total* ne peut donc concorder avec celui de ce dernier contrôle. Il est fatalement *supérieur*.

— Jamais ! répond aussitôt l'Etat. Le total des registres de contrôle numérique est inférieur de 31.008 journées sur le total du contrôle nominatif arrêté et revisé *ne varietur* par les experts au criminel. (*Rapport Jacquelin*, p. 62.)

—Alors je ne comprends plus, risque M. Lhermitte.

— Parce que vous ne voulez pas comprendre, interrompt l'Etat. Le contrôle numérique enregistre *tous* les mouvements... mais il laisse de côté les demi-journées...

— Il n'enregistre donc pas *tous* les mouvements ?...

— Mais si. Il fait même ressortir pour une journée entière les détenus entrés et sortis dans la même journée...

— Quelle que soit l'heure de l'entrée et de la sortie ?

— Bien sûr, puisqu'il enregistre même les journées nulles.

— Alors, il ne supprime pas les demi-journées. Il les double. Il les compte comme journées entières. A plus forte raison, son total doit donc être supérieur...

— Il n'y a pas de plus forte raison, conclut l'Etat. « Il y a opposition irréductible, désaccord absolu entre nous » et « le Conseil appréciera en pleine connaissance de cause ». (*Conclusions de l'Etat,* août 1902, pp. 8 et 13.)

Voilà, Messieurs, pourquoi M. Lhermitte est un voleur (1).

---

(1) Un simple rapprochement va nous montrer combien fantaisiste est l'explication de M. Jacquelin à savoir que les livres ne concorderaient pas parce que les registres numériques ne tiendraient pas compte des demi-journées.

Le total des journées au contrôle nominatif, total visé, revisé et arrêté *ne varietur* par les experts au criminel fait ressortir le chiffre de . 204.267 j.

Déduisons le total des demi-journées portées au même contrôle nominatif, total visé, revisé et arrêté *ne varietur* également par les mêmes experts 24.267 j.5

        Reste . . . . 180.000 j.

Tel devrait être suivant les affirmations de M. Jacquelin le total du registre du contrôle numérique.

Et ce total s'il faut encore en croire M. Jacquelin (rapport, p. 61) ne serait que de. . . . . 173.259 j.

        Différence . . . . 6.741 j

Sainte concordance !

Si vous en pouvez douter encore, je vous engage à vous reporter à la page 61 du rapport de M. Jacquelin et à examiner attentivement le tableau suivant :

TABLEAU 8

Registre numérique de population.

Au 15 février 1890, l'effectif était de 618 détenus ; du 1er au 15 il y a eu 4.331 journées.	HOMMES	FEMMES	TOTAUX
Février (2e quinzaine).	4.633	3.426	8.059
Mars.	9.242	6.321	15.563
Avril.	9.028	5.355	14.583
Mai	9.974	5.686	15.660
Juin	8.962	5.903	14.865
Juillet	9.138	5.480	14.618
Août.	8.772	5.850	14.622
Septembre	8.690	6.253	14.743
Octobre	9.037	6.341	15.378
Novembre	9.209	5.459	14.668
Décembre	10.114	5.518	15.632
Janvier 1891 . . .	9.875	4.993	14.868
	106.674	66.585	173.259

En dehors de ce tableau, Messieurs, l'Etat ne vous apporte rien de précis sur les registres de contrôle numérique.

A lui seul ce tableau les résume. Il vous en fournit le total mois par mois. Cela doit vous suffire. Et, en fait, c'est la vérité, cela suffit. Grâce à ce simple tableau nous allons voir, en effet, ce que vaut cette seconde partie de la comptabilité administrative. Peut-être même aurez-vous à vous demander de quelle officine elle sort.

Au cours de l'expertise, en effet, l'Administration a commis une imprudence grave. Au milieu des cendres, derniers vestiges de la comptabilité disparue, elle a retrouvé, à côté du fameux état dressé par M. Fournier, des pièces probantes, concordantes, convaincantes : **douze** *états numériques fournis par l'entrepreneur*.

Comment a-t-on pu en retrouver douze puisque, conformément à son cahier des charges M. Lhermitte n'en dut fournir que huit, les règlements de fin de trimestre ayant été faits sur la production d'un état nominatif ? Mystère. Laissons la parole à M⸳ Jacquelin, expert de l'Etat, il va nous l'expliquer :

« Une pièce cependant, écrit-il, a été retrouvée, très caractéristique, signée par le rédacteur chargé de suivre le travail des experts du tribunal (1) et contresignée par le directeur alors en fonctions et portant la date du 26 mai 1892. (2)

« *A cette pièce étaient joints douze bulletins mensuels fournis par l'entrepreneur.* » (*Rapport Jacquelin*, p. 47.)

____

(1) M. Fournier.
(2) La copie conforme de cette pièce déposée au greffe du Conseil, porte la date du **25** mai 1892.

Et plus loin il ajoute :

« En même temps que l'état récapitulatif (tableau I)
dont il vient d'être question, l'Administration a remis (à
l'expertise) douze états mensuels *(en minute mais signée
du directeur)* destinés au paiement mensuel des acomp-
tes et trimestriel des journées et demi-journées acquises
et dues à l'entrepreneur d'après l'article 72 du cahier
des charges. » (*Rapport Jacquelin*, p. 58.)·

— Vous dites que cela n'est pas clair ? Vous vous
demandez comment et pourquoi les « bulletins
mensuels fournis par l'entrepreneur » (p. 47) se
transforment en « minutes signées du directeur »
(p. 58) ?

— … ?

— Vous ne comprenez rien au fonctionnement de
la comptabilité administrative, voilà tout. « Aux
termes de l'article 72 de son cahier des charges
l'entrepreneur devait être payé tous les mois sur la
production d'états dressés par lui et à ses frais,
vérifiés et visés par le directeur et arrêtés par le
préfet (1). » (*Rapport Jacquelin*, p. 58.)

— J'entends bien.

— De quoi vous étonnez-vous alors ? De ce que
ces documents qu'on vous présente aujourd'hui
comme factures établies par M. Lhermitte ne portent point sa signature ?

— … ?

(1) Voir note aux Annexes, p. 245. Comment M. Lhermitte fut payé
tous les mois.

— C'est si peu de chose...

— Mais le Trésor?... Le Trésor payait M. Lhermitte, comme cela, sans acquit, sur la présentation de factures signées du directeur?...

— Il faut bien le croire, puisque l'Administration le dit.

— C'est plutôt étrange!

— Pas le moins du monde... Au Dépôt, c'était le monde à l'envers... M. Puybaraud vous a affirmé que M. Lhermitte était chargé — sous sa responsabilité — de tenir la comptabilité de l'Administration... L'Etat le soutient encore aujourd'hui dans ses conclusions...

— Et en échange, le directeur dressait et signait les états mensuels que devait fournir M. Lhermitte...?

— Vous y êtes... Ne vous disais-je pas que c'était clair?

— Revenons à nos douze états numériques fournis par l'entrepreneur, mais signés en minute par le directeur... D'abord, qu'est-ce qu'un état numérique?

— C'est la copie textuelle, servile, du total mensuel du registre du contrôle numérique.

— Par conséquent, si, *par exception*, les registres du contrôle numérique ne peuvent concorder *au Dépôt* avec les registres du contrôle nominatif, il en doit être de même des états qui en sont la copie.

— La logique l'exige...

— Et l'Administration?

— L'Administration, c'est autre chose... Elle constate froidement que ces douze états mensuels concordent mois par mois et trimestre par trimestre avec les totaux des contrôles nominatifs tels qu'ils étaient arrêtés avant l'expertise judiciaire... (*Rapport Jacquelin*, p. 62.)

— Et elle ne s'en étonne point ?...

— Pas le moins du monde...

— Mais alors ces états numériques ne seraient pas la copie servile des registres *disparus* du contrôle numérique dont l'Etat vient de nous donner le résumé dans un tableau.

—Copie servile?... Il y aurait entre ces documents une différence de 63.285 journées. (*Rapport Jacquelin*, p. 62.)

—Et jamais ni le préfet, ni le ministre, qui recevaient mensuellement un duplicata des registres du contrôle numérique (1), ne se sont aperçus de cette énorme différence alors qu'il n'y avait que deux chiffres à rapprocher.

— Jamais...

— Même pendant l'instruction criminelle, ils n'ont pas fait cette vérification qui aurait confondu M. Lhermitte ?

. — M. Lhermitte l'a en vain réclamée...

____

(1) C'est à leur usage que furent dressés conformément aux règlements les douze états mensuels signés en minute par le directeur. Un duplicata de ces états était délivré en fin de chaque mois — sauf en fin de trimestre — à M. Lhermitte pour lui permettre d'établir son état numérique.

— Je commence à croire qu'ils étaient « de mèche »
avec lui..,

— A moins qu'ils ne soient devenus depuis des
faussaires.

— Oh! oh!... Expliquez-vous.

— Je n'accuse pas, je constate... D'abord, quelle
différence faites-vous entre un préfet et un ministre
qui seraient de mèche avec un entrepreneur faussaire pour voler le Trésor, et ces mêmes fonctionnaires qui deviendraient ensuite des faussaires pour
avoir raison — même quand ils ont tort — contre
cet entrepreneur?... N'ont-ils pas dit : l'Etat, c'est
nous... M. Lhermitte n'a pas à savoir. La justice,
c'est nous... M. Lhermitte n'a pas à voir... La mathématique, c'est nous... 59 et 60 font 89... M. Lhermitte n'a pas à contrôler. La Cour des Comptes,
c'est nous... La comptabilité est brûlée... N'ont-ils
pas dit enfin : Robert Houdin, c'est nous... Elle est
ressuscitée.

— Sans doute... mais, encore une fois, expliquez-
vous ?

— Je ne veux rien dire qui ne soit rigoureusement
établi par les faits... L'article 17 du complément du
cahier des charges stipule que, à raison du fréquent
renouvellement de la population du Dépôt, l'entrepreneur pourrait être dispensé d'établir trimestriellement un état nominatif.

— Nous l'avons vu.

— Dès son entrée en service, en février 1890,

M. Lhermitte invoqua cette clause. Il demanda à
être dispensé d'établir cet état nominatif. Et la
réponse du ministre se fit attendre... M. Lhermitte
en fut avisé seulement le 18 août 1890... C'est un
refus.

— Qu'est-ce que cela prouve ?

— Cela prouve que jusqu'à cette époque, jusqu'au
18 avril 1890, M. Lhermitte ne dressa pas d'état
nominatif. C'est à partir de cette époque seulement
que dans la mesure où il le put, il fit procéder à ce
travail. Il ne peut donc, pendant cette période, être
accusé d'avoir majoré.

— Evidemment, puisqu'il n'a rien touché...

— Comment cela ?... Rien touché... Vous faites
erreur. Le 8 mars 1890, conformément au cahier des
charges, l'Administration lui a délivré un état
numérique des journées de détention en tous points
semblable à ceux qui sont en ce moment déposés
au greffe du Conseil de Préfecture... Le 1er avril,
même opération.

— Et à quels chiffres sont arrêtés ces états ?

— Le premier fait ressortir 10.639 journées pour
la deuxième quinzaine de février; le second,
18.710 journées pour le mois de mars.

— Tandis que, pour ces mêmes mois, l'état produit par l'Administration à l'expertise ne fait plus
ressortir que 8.059 journées pour février, et 15.563
pour mars.

— C'est-à-dire qu'il y a au moins un faux, soit le

document fourni à M. Lhermitte en 1890, soit l'état fourni actuellement aux juges.

— Et les deux documents émanent de l'Administration ?

— Indiscutablement.

— Quel est le faux ?

— Demandez-le à l'Administration... Les pièces justificatives ont disparu (1).

(1) On pourrait peut-être demander ce renseignement à M. Chauvin, chef du deuxième bureau.

Si je me permets de nommer ici cet individu, c'est que j'ai trouvé son nom dans la procédure. C'est lui qui dirigea ces dernières années l'affaire au nom du ministre, lui encore qui me diffama en prétendant dans des conclusions officielles que j'avais soudoyé les experts. (Voir aux Annexes (p. 240) l'incident que je soulevai à ce sujet devant le Conseil de Préfecture.) Quelques jours plus tard mon diffamateur était décoré pour services exceptionnels : *Journal Officiel*, 27 janvier 1902 ; nomination dans la Légion d'honneur. Chevalier : « M. Chauvin (Charles-Jules), chef de bureau à « l'Administration centrale du ministère de l'intérieur.

« Rédacteur au ministère des finances le 1er avril 1889. Attaché au cabinet « du ministre des finances de 1890 à 1895. Sous-chef du cabinet du ministre « des finances d'avril à novembre 1895. Chef-adjoint du cabinet du président « du conseil, ministre de l'intérieur, de novembre 1895 à avril 1896. Sous-« chef de bureau au ministère de l'intérieur en 1897. Chef-adjoint du « cabinet du président du conseil, ministre de l'intérieur, de juin à « novembre 1898. Chef de bureau depuis novembre 1898 ; quatorze ans de « services militaires et civils.

« Titres exceptionnels : services distingués dans l'exercice de ces diffé-« rentes fonctions. »

CONCLUSION

MORALITÉ

L'Etat, c'est Eux...!!!

Ils avouent être Robert Houdin.

Ils sont encore Robert Macaire (1).

Paris, juin 1905.

---

(1) Cette moralité remplace, dans le mémoire soumis au Conseil de Préfecture, les conclusions suivantes qu'elle résume :

« Je viens de vous démontrer, Messieurs, qu'il y a au moins un faux dans le dossier qui vous est soumis.

« Quel est ce faux?

« Avant toute expertise, il appartient à M. le Procureur de la République de le rechercher, ou à l'Etat, qui a versé ces pièces aux débats, de le dire.

ANNEXES

ANNEXES

I

Note remise à M. Habert, juge d'instruction, le 16 novembre 1893.

OBSERVATIONS DE M. LHERMITTE AU RAPPORT DES EXPERTS

Tout d'abord, avant de répondre aux faits relevés tant à la charge de M. Mondet-Blanc, employé de l'Administration, qu'à celle de M. Petithomme, mon ancien gérant, faits desquels il résulte que des majorations évidentes et mêmes grossières auraient été commises à mon profit, et au sujet desquelles je ne peux, pour le moment, éclairer la justice que d'une manière très restreinte, étant donné qu'ils n'ont jamais été portés à ma connaissance, il convient d'examiner ce que l'on entend par entrepreneur général des services économiques d'établissements pénitentiaires.

Nous ramènerons ensuite ces règles au cas particulier qui nous occupe et nous envisagerons ensuite quelle était, en réalité, la situation particulière qui m'était faite dans les prisons de la Seine et, notamment, à la prison du Dépôt, près la Préfecture.

Dans un exposé préliminaire, MM. les Experts se sont bien efforcés de le faire, mais, étant donné la complexité des services qui m'étaient confiés, ils ont laissé souvent dans l'ombre des règles générales qui leur ont échappé dans la lecture de mon marché ou que les usages seuls ont établies.

Une entreprise a pour objet d'assurer le fonctionnement des services économiques de l'établissement auquel elle se réfère, moyennant le paiement au soumissionnaire d'un prix de journée fixé à raison de tant par détenu, la concession à lui faite de la part qui revient à l'Etat sur le produit du travail et les autres avantages spécialement stipulés, le tout conformément aux clauses et conditions d'un cahier des charges.

C'est ainsi que, d'une manière générale et sans aucune différence faite entre les divers services onéreux ou non, l'entrepreneur touche un seul et même prix fixe et déterminé à l'avance.

Les conditions particulières concernant les prisons de la Seine sont inscrites à l'article 72 du cahier des charges de cette entreprise.

Cet article est ainsi conçu :

« Il sera payé à l'entrepreneur un seul et même prix de journée pour tous les détenus, sauf les exceptions ci-après.....

« 1º

« 2º

« La journée d'entrée ne sera pas payée à l'entrepreneur et, d'autre part, le prix de journée sera payé intégralement pour le jour *dit de sortie*, soit qu'il y ait libération, transfèrement, décès, etc., et à quelque heure que ce soit. »

Mode de paiement.

« L'entrepreneur sera payé tous les mois sur la production d'états dressés par lui et à ses frais, vérifiés et visés par le directeur et arrêtés par le préfet. Ces états pourront indiquer seulement le nombre de journées, mais il sera établi pour chaque trimestre un état nominatif faisant connaître la date de l'entrée, la date et le motif de la sortie, le nombre des journées afférentes à chaque individu. »

On doit rapprocher de ces prescriptions concernant le règlement celles indiquées à l'article 10 du même cahier concernant les fournitures.

« Le jour de leur entrée et de leur sortie, les détenus prendront part aux distributions de pain et de vivres faites pendant qu'ils se trouveront dans l'établissement. »

On voit déjà que d'une manière générale les fournitures faites par l'entrepreneur peuvent ne pas être exactement en concordance avec le nombre des journées qui lui est réellement dû.

Examinons maintenant quelles sont les conditions particulières et spéciales concernant la prison du Dépôt près la Préfecture de Police.

Le mode de règlement indiqué plus haut a été modifié comme suit, sans aucun doute en raison non seulement du fréquent renouvellement de la population de cet établissement, mais aussi en raison de l'impossibilité d'y faire travailler les détenus. Il y avait lieu, en effet, étant donné l'impossibilité dans laquelle l'Administration se trouvait d'appliquer, dans cet établissement, les règles générales suivies en pareille matière, qui auraient été pour elle très onéreuses, de rechercher une autre manière de faire en s'efforçant toutefois d'accorder à

10.

l'entrepreneur des avantages particuliers capables de compenser la différence résultant pour lui du bénéfice qui lui était concédé sur le travail.

Ces règles sont inscrites à l'article 17 du complément du cahier des charges.

Article 17 : « Sont modifiées comme suit les dispositions de l'article 72 du cahier des charges, concernant le calcul des journées de détention à payer à l'entrepreneur *sans qu'il y ait à considérer si les détenus travaillent ou non.*

« Il sera fait compte des sommes qui lui seront dues par journées et par demi-journées.

« Sera compté comme journée le séjour au Dépôt de tout individu qui aura pris les deux repas réglementaires ou figuré dans l'effectif aux *heures de ces deux repas,* la ration pouvant d'ailleurs lui être donnée au moment où il serait ramené dans le Dépôt s'il avait été appelé devant l'autorité judiciaire.

« Le détenu qui sortirait du Dépôt après avoir figuré dans l'effectif à l'heure d'un seul repas, ne serait compté que pour une demi-journée.

« Celui qui ne ferait que passer au Dépôt sans y prendre aucun repas et sans y passer la nuit, n'aurait pas à figurer dans le compte de journées à payer à l'entrepreneur.

« Celui qui passerait une nuit sans prendre aucun repas au compte de l'entrepreneur, ne compterait que pour une demi-journée.

« De manière générale, pour les détenus qui ne seront pas nourris aux frais de l'entrepreneur, il ne sera dû que la moitié du prix de journée. »

Enfin, et *cette clause n'est pas relatée au rapport de MM. les Experts,* l'Administration, ayant reconnu par avance les difficultés qu'il y aurait à surmonter pour établir régulièrement un tel décompte d'après un état nominatif, a indiqué l'exception qui pourrait être faite pour cet établissement :

Article 17, *in fine :* « A raison du fréquent renouvellement de la population du Dépôt, il pourra être suppléé à la production de l'Etat trimestriel, spécifié à l'article 72, § 5 du cahier des charges, par la présentation d'états ou tableaux d'un modèle approuvé par le Ministre et dans les conditions qu'il aura déterminées. »

Ce mode de décompte, ces prescriptions particulières sont, bien qu'on ait prétendu le contraire, claires et précises et leur application pratique ne comporterait aucune difficulté si ce n'était par la fluctuation trop grande de la population.

Aussi, dès le commencement de 1890, M. Lhermitte demandait-il à M. le Ministre, par l'intermédiaire de la Direction de l'établissement, que l'exception prévue au dernier paragraphe de l'article 17 du complément soit appliquée.

M. le Ministre commença par répondre qu'il n'y avait pas lieu de modifier les dispositions générales et de créer des états ou tableaux d'un nouveau modèle approuvé par lui (1). Cette réponse faisait disparaître le dernier paragraphe de l'article 17.

Mais en 1891, à la date du 4 juillet, il modifia sa réponse à la suite d'un rapport transmis le 27 juin sur les mêmes faits par M. le Préfet de Police. Cette dernière décision ministérielle est ainsi conçue :

« Monsieur le Préfet, etc...

« Pour le Dépôt, l'article 17 des clauses et conditions spéciales a remplacé par de nouvelles dispositions celles dudit article 72.

« Dans l'établissement dont il s'agit, le calcul des

---

(1) Cette réponse, datée du 18 avril 1890, est celle à laquelle il est fait plus haut allusion, dans le *Mémoire.*

journées est basé sur le nombre des repas qui comptent chacun pour une demi-journée.

« Il en résulte qu'un individu entré le soir doit figurer sur les états pour une demi-journée, que celui qui sort le matin après avoir reçu même une simple ration de pain, compte également pour une demi-journée ; enfin qu'un détenu arrivé le soir à 7 heures, par exemple, et sorti le lendemain à 4 heures de l'après-midi, après la seconde distribution de vivres, vaut à l'entrepreneur trois demi-journées ou une journée et demie, parce qu'il a participé à trois repas, bien que son séjour n'ait pas duré vingt-quatre heures.

« Je vous prie de faire part de cette interprétation au Directeur du Dépôt près votre Préfecture, en recommandant à ce fonctionnaire de veiller à ce qu'à *l'avenir* le calcul des journées soit établi conformément aux dispositions de l'article 17 précité du cahier des charges. »

Par conséquent, le point de départ de l'application de cette décision, en admettant, ce qui est fort discutable, qu'une simple décision ministérielle puisse remplacer les conventions convenues au cahier des charges et qui faisaient loi entre les parties contractantes, était fixée par le ministre au 4 juillet 1891.

Rapprocher cette décision dudit article 17 est suffisant pour établir la modification qui se trouve ainsi portée aux prescriptions de mon cahier des charges.

Je n'ai d'ailleurs produit, *depuis ce jour*, mes *factures* à l'Administration que *sous toutes réserves de mes droits*, me réservant ainsi de faire juger la question par la juridiction compétente.

Il convient toutefois de dire que le décompte établi d'après cette décision même pour un individu entré le soir à 7 heures et sorti le lendemain à 4 heures de l'après-midi, après la seconde distribution de vivres, et compté à l'entrepreneur pour trois demi-journées, n'est pas basé sur le fait que cet individu aurait pris trois repas, mais bien sur cette particularité qu'il a passé une nuit et pris deux repas. Ce décompte ne peut être compris autrement puisque, conformément à l'article 10, les détenus entrant ne doivent percevoir des vivres qu'autant qu'ils sont présents dans l'établissement au moment même des distributions, exception faite toutefois pour ceux dont l'absence à ce moment serait justifiée par leur appel devant l'autorité judiciaire ou pour ceux qui, *en cas de besoin*, conformément au deuxième paragraphe de l'article 18, auraient reçu une distribution entre les deux repas.

Ainsi donc, nous nous trouvons en présence de deux façons de procéder distinctes, l'une établie par le cahier des charges et l'autre résultant d'une décision ministérielle modifiant ce cahier des charges, décision du 4 juillet 1891.

Comment le décompte a-t-il été établi par les experts ?

Ont-ils tenu compte de la demi-journée à compter pour un détenu qui passerait seulement la nuit ? Se sont-ils conformés à la décision ministérielle ou au cahier des charges ?

Comment ont-ils décompté le temps d'un individu qui aurait pris le repas du soir et serait sorti le lendemain matin avant toute distribution ?

Comment, inversement, ont-ils calculé le décompte pour un individu qui aurait passé la nuit et serait sorti le lendemain après le repas du matin ?

Des diverses manières de compter peuvent résulter des différences considérables.

Depuis longtemps, en effet, je suis entrepreneur de services économiques d'établissements pénitentiaires. Lancé dans ce genre d'affaires depuis le 8 février 1872, j'ai eu de nombreuses entreprises de ce genre ; j'ai été déclaré adjudicataire de l'entreprise des prisons de Maine-et-Loire, Sarthe, Vienne, Deux-Sèvres, Morbihan, Finistère, Calvados, Manche, Seine-et-Oise, Eure-et-Loir, Doubs, Jura, Haute-Saône, Haut-Rhin, Seine-et-Marne, Mayenne, Orne, Yonne, Loiret, Vosges, Haute-Garonne, Gers et Ariège, dont j'ai assuré les services pendant très longtemps. J'ai même été entrepreneur des cantines des prisons de la Seine et jamais aucune erreur du genre de celles qui ont été relevées ne m'a été reprochée.

Je dois dire, toutefois, que vers 1885, la Cour des Comptes me signala une erreur de 0 fr. 87, relevée sur les états nominatifs que j'avais produits pour établir le décompte des journées des départements de la Vienne et des Deux-Sèvres et que ces jours derniers une semblable erreur de 8 francs m'a été transmise par l'Administration de la 7ᵉ Circonscription Pénitentiaire.

Pour moi, en effet, le décompte établi sous le titre « *Etat nominatif* », n'est qu'une simple formalité. C'est une copie qui m'est soumise par chacun de mes représentants et dont le total représente exactement les chiffres établis, contrôlés et visés par l'Administration qui seule en a la responsabilité puisqu'elle seule peut les établir et les contrôler.

La vérification à laquelle je pourrais me livrer, n'aurait aucune valeur ni aucun intérêt puisqu'il ne m'est pas possible de contrôler les pièces qui ont servi à l'établir.

Le seul travail que je puis sérieusement effectuer, est de vérifier le décompte des journées fait nominativement et de m'assurer ainsi qu'il est en concordance avec les dates d'entrée et de sortie. Si ces dates sont erronées ou falsifiées, il n'existe pour moi aucun moyen, à moins que je n'en sois avisé, de m'en apercevoir.

Si les noms que comporte cet état sont faux ou supposés, je me trouve encore dans le même cas. Il en est

de même si cet état contient des noms de détenus déjà
libérés.

La *seule* constatation que je puisse faire, consiste,
comme je viens de le dire, à *m'assurer si le décompte
porté en regard des dates d'entrée et de sortie est réellement bien exact.* Je crois pouvoir affirmer qu'aucune
erreur de ce genre ne peut être relevée dans les états
nominatifs que j'ai produits sous ma signature, tous
ces états sont la reproduction exacte, comme chiffres, de
ceux qui m'étaient communiqués par mon gérant et que
je devais nécessairement supposer être la reproduction
exacte du décompte administratif dressé par l'Administration.

Etant donné, d'une part, que les erreurs que je relève
peuvent provenir, non d'un faux décompte mais d'une
inscription erronée des dates d'entrée ou de sortie ;

Etant donné enfin, que le chiffre total inscrit à la fin
de mon état nominatif, doit être considéré par moi
comme un *fait immuable*, puisqu'il m'est fourni après
vérification et contrôle personnel et unique par l'Administration et que, quelles que soient les erreurs que
j'aurais pu relever et les observations que je me serais
permis de présenter, ce chiffre n'aurait jamais été
modifié comme total.

On comprend facilement que je n'avais pas à contrôler
et ne pouvais me préoccuper de faire un travail de vérification d'addition, et que si j'ai jamais pu signaler des
erreurs, comme cela a dû m'arriver, c'est que je les aurai
aperçues, sans les rechercher du reste, parce qu'elles
étaient grossières, ou que l'attention de mon employé
aura été appelée particulièrement sur ce point.

On voit donc déjà que tous les faits relevés par
MM. les Experts ont pu échapper à mon contrôle.

Telles sont d'une manière générale, les conditions
dans lesquelles je travaille.

Voyons maintenant comment fonctionnaient les services économiques de la prison du Dépôt.

Fonctionnement de la comptabilité relative à l'entreprise au Dépôt.

Déclaré adjudicataire des services économiques des prisons de la Seine, le 14 janvier 1890, et notamment desdits services à la prison du Dépôt, près la Préfecture, je prenais pour me représenter près l'Administration, comme gérant, et conformément à l'article 1er du complément du cahier des charges, M. Petithomme, que j'ai présenté en cette qualité par lettre du 14 février 1890, numéro 994/87, à M. le Directeur du Dépôt, en le priant de le faire agréer par M. le Préfet de Police.

Ignorant complètement l'état de failli que l'on reproche aujourd'hui à cet employé, je ne puis que regretter que l'Administration, qui se livre souvent à des enquêtes très minutieuses sur les employés que je lui présente, ne se soit pas, à cette époque, aperçue de cette situation et je n'admets pas que les experts m'incriminent aujourd'hui, sans motifs et avec des insinuations qui ne m'atteignent pas (1).

Quel était exactement d'ailleurs le rôle de Petithomme dans la situation qui lui était ainsi faite ?

Il n'était pas, comme les experts le croient, mon fondé de pouvoirs, il était simplement mon gérant ; son rôle consistait à répondre aux demandes qui lui parvenaient de l'Administration, soit directement, s'il s'agissait d'une affaire de service courant, soit au contraire, après

---

(1) Cet argument invoqué par la justice au nom de l'Administration est plutôt plaisant, car cette même Administration a été la première à recommander — *par lettre* — à M. Lhermitte des détenus libérés ou encore d'anciens employés révoqués pour avoir vidé la caisse. Je ne sache pas que ces employés infidèles, l'Administration les ait jamais poursuivis.

m'en avoir référé lorsqu'il s'agissait d'un cas particulier.

Il n'avait qu'à distribuer les denrées qui lui étaient demandées par l'Administration, à satisfaire aux besoins de tous les instants, en veillant à ce que les services, dont j'avais charge, fonctionnent régulièrement.

En ce qui concerne l'établissement du contrôle nominatif, il n'avait qu'à en faire établir une copie exacte, en fin de chaque trimestre, par les soins des détenus mis à sa disposition.

Comment s'est-il acquitté de cette tâche? comment a-t-il cherché à contrôler le nombre des journées qui m'étaient dues? C'est là une question à laquelle je lui laisse le soin de répondre.

Ce que je puis dire c'est qu'aucun moyen de contrôle ne m'était donné, c'est que j'ai demandé en vain la communication des fiches dites bulletins d'entrée et de sortie pour pouvoir me permettre d'établir de mon côté, indépendamment de l'Administration, le contrôle nominatif que j'étais obligé de produire.

Comment sont établies ces fiches, comment le service fonctionnait-il à l'Administration, je n'ai pas à m'en préoccuper. Je dois ajouter, toutefois, que, si j'en crois le *fac-simile* de la disposition des livres du Dépôt que je trouve dans le rapport des experts, ce service fonctionnait sans réglementation et sans contrôle possible. D'après cette disposition, en effet, les livres devant être la copie exacte des renseignements mentionnés sur les bulletins d'entrée et de sortie, j'en déduis que si ces fiches étaient datées elles ne portaient pas mention de l'heure. Le travail de mon gérant ne pouvait avoir de la valeur et être incriminé que s'il avait eu en mains les bulletins d'entrée et de sortie des détenus et s'il avait été chargé de faire un travail parallèle à celui de l'Administration. La vérité est qu'il ne pouvait faire *qu'un travail de copiste.*

11

L'entreprise était, de cette façon, abandonnée à la complète discrétion ou à la mauvaise foi de l'employé chargé par l'Administration de l'accomplissement de ce travail.

Si je relève, en effet, l'exemple qui nous est cité et que je reproduis ci-contre :

NOMS et PRÉNOMS	DATES		NOMBRE		TOTAL
	de L'ENTRÉE	de LA SORTIE	de JOURNÉES	de DEMI-JOURNÉES	
X	1er octobre	4 octobre	3	»	3
Y	2 —	3 —	1	»	1
Z	3 1 h. mat.	3 midi	»	1/2	1/2

J'y trouve le nommé X, entré le 1er octobre et sorti le 4 du même mois, décompté pour trois journées à mon profit.

Si cet individu est entré le 1er octobre au matin et sorti le 4 après la soupe du soir, ce n'est pas trois journées qui me sont dues, mais bien quatre. .

Il en est de même pour le second exemple Y pour lequel il peut m'être dû deux journées au lieu d'une.

Enfin si l'on prend le troisième exemple Z pour lequel les heures d'entrée et de sortie sont précisées, on trouve encore une erreur de décompte étant donné que l'entreprise doit être payée non seulement pour le repas de matin qui vaut à lui seul une demi-journée, mais encore pour la nuit qui en vaut une seconde.

On voit que l'inscription des heures d'entrée et de sortie a une importance énorme, et je dois m'étonner que M. Puybaraud semble, d'après l'extrait de son rapport, cité page 17, attacher plus d'importance à l'exactitude des secondes que des premières. *Il est vrai que l'oubli des heures d'entrée ne peut que nuire à l'entrepreneur.*

Il est évident que, si des faits qui sont relevés à la charge de Mondet-Blanc et de Petithomme, il résulte que des sommes supérieures à celles qui étaient dues aient été délivrées par l'Etat, je suis le seul à avoir pu en profiter.

Je dois rappeler à cet effet que, dès le jour où j'ai été mis par la justice au courant de cette situation, j'ai déclaré que j'ignorais ces faits, mais qu'il suffirait de me convaincre de leur évidence, pour que j'offre immédiatement la restitution des sommes indûment encaissées.

Examinons maintenant la part de responsabilité qui pourrait m'échoir, si les faits reprochés aux inculpés étaient démontrés. Je commence par protester de la manière la plus énergique contre les accusations dont je suis l'objet ; je n'ai jamais connu les faits reprochés à MM. Mondet-Blanc et Petithomme ; je dirige ma maison, mais il m'est absolument impossible d'entrer dans les détails ; j'ai un passé d'honorabilité au-dessus de toute atteinte, et je m'élève avec indignation contre des insinuations dénuées de toutes preuves, qui n'auraient pas dû trouver place dans un rapport d'experts, auxquels j'ai communiqué tous mes livres, toute ma correspondance, et qui n'ont pu rien relever contre moi.

Vérification des dates d'entrée et de sortie.

' Je ne puis répondre aux diverses allégations produites dans le rapport des experts, au sujet des diverses majorations qui auraient été commises sur les livres mêmes de l'Administration, étant donné que *ces livres n'ont jamais été entre mes mains et ne m'ont jamais été communiqués,* ce qui était cependant indispensable, si on voulait me permettre d'y répondre.

Je dois donc m'en tenir à des considérations d'ordre tout à fait général, pour formuler des observations qui m'ont été suggérées par la lecture de cette partie du rapport.

Il n'a jamais existé, en effet, de différence dans mon esprit en ce que peut être un livre de contrôle administratif pour telle ou telle catégorie d'individus et j'ai toujours considéré que les uns et les autres étaient tenus par l'Administration **directement** *sous un contrôle tout à fait spécial,* et je ne puis que m'étonner de voir établir aujourd'hui des différences entre les uns et les autres.

Pourquoi le livre du contrôle nominatif du Dépôt est-il tenu correctement, non jusqu'à l'arrivée de Petithomme, mais jusqu'à l'arrivée de Mondet-Blanc?

Pourquoi ce livre redevient-il correct, non du jour où est parti Petithomme, mais du jour où est parti Mondet-Blanc?

Pourquoi le livre des aliénés ne porte-t-il aucune majoration, n'est-il sujet à aucune contestation ?

Ce sont là autant de questions que je me pose, sans pouvoir les résoudre autrement que par la paresse ou l'incapacité de Mondet-Blanc, ou peut-être aussi par l'économie trop sévère, faite par l'Administration, d'un nombre d'employés suffisant pour établir un travail dont le contrôle seul a demandé deux années aux experts.

En ce qui concerne les déclarations faites par les détenus, je crois devoir dire que s'ils ont travaillé au contrôle nominatif de l'Administration, je ne puis en être responsable étant donné qu'il appartenait à l'Administration elle-même de ne pas utiliser ces individus et qu'en agissant comme elle l'a fait elle s'est mise dans le cas de contrevenir aux clauses spéciales édictées à l'article 63 de mon marché.

Je n'ai pas, comme entrepreneur, la charge ni le soin de surveiller les actes des détenus et si je puis indirectement être responsable de leurs actions c'est seulement lorsqu'ils travaillent pour mon compte et dans l'espèce on ne peut prétendre qu'il en ait été ainsi.

S'ils étaient attachés à mon service leur rôle était parfaitement défini dans mon organisation, et si l'Administration a cru bon de les en distraire pour les occuper à des travaux qui lui étaient particuliers elle l'a fait pour son propre compte et ne doit s'en prendre qu'à elle-même des résultats obtenus.

En ce qui concerne le livre d'écrou c'est là un livre d'après lequel le contrôle nominatif est généralement établi et je ne puis que m'étonner que ce livre n'ait pas servi de base à l'établissement de celui du Dépôt. J'ignore quelles en sont les raisons.

Quant à dire que ce livre d'écrou est tenu au jour le jour, c'est là une grave erreur.

Il résulte des renseignements qui m'ont été donnés que les fiches dites bulletins d'entrée et de sortie demeuraient au guichet central pour être portées ensuite, quelquefois le soir, quelquefois même seulement le lendemain matin, au greffe de l'établissement. Ce qu'il y a de certain, c'est que le *greffe ne reste pas ouvert au Dépôt pendant la nuit. Comment faisait-on alors pour déterminer les heures d'entrée ou de sortie des détenus libérés, transférés ou entrants pendant tout ce temps?*

Le système indiqué par les experts a fonctionné seulement pendant les derniers temps de l'entreprise.

Il résulte de tous ces faits que si réellement il y a eu majoration, on ne voit nulle part la preuve qu'elles doivent être attribuées à Petithomme. En tout cas, j'y suis complètement étranger et n'en ai jamais eu connaissance.

2° *Relevé des majorations constatées.*

Les experts affirment qu'il y a eu des majorations ; je ne peux dire que leur opinion est fondée ou ne l'est pas, je n'ai pu me livrer à aucune vérification, puisque, comme je viens de le dire, je n'ai jamais eu entre les mains le compte administratif. Mais, s'il ne m'est pas permis de discuter en ce moment le fait brutal reproché à Mondet-Blanc et à Petithomme, j'ai le droit d'affirmer que le chiffre des journées encaissées qui s'élève à 236.544, ne représente pas le montant des rations fournies aux détenus, qui sont la base rationnelle et la seule vraie du décompte qui m'était dû.

D'après le travail exécuté par les experts, le total des majorations du nombre de journées passées au Dépôt par les hommes et par les femmes s'élève, du mois d'avril 1890 au mois de janvier 1891, à 21.096. A ce chiffre, il conviendrait d'ajouter les majorations constatées sur les journées et demi-journées passées au Dépôt par les filles publiques, qui s'élèverait approximativement à 7.546 journées et demie.

Toutefois, pour ces dernières, les experts font-ils une réserve en déclarant que ce chiffre n'est donné qu'à titre de mémoire, étant établi que des fiches ont disparu et que d'autre part le livre des entrées et des sorties des filles publiques, tenu par un autre gardien que Mondet-Blanc, n'est pas en concordance exacte avec les pièces de contrôle, dont ils pouvaient disposer pour leur vérification (page 23 du rapport).

Enfin, à ces chiffres, il faut encore ajouter celui de 2.225 journées provenant d'erreurs d'addition ou de faux reports, ce qui fait un total général de 30,867 journées et demie, représentant une valeur de 18.366 fr. 16 encaissée par moi sans y avoir droit.

Un rapprochement de chiffres me permettra tout à l'heure de faire ressortir que non seulement les sommes que j'ai encaissées ne sont pas supérieures à celles qui m'étaient dues, mais qu'au contraire, si l'on veut tenir compte, du simple contrôle qui peut m'être donné, l'Administration me serait encore redevable d'une certaine somme.

3° Moyens employés pour obtenir les majorations.

Je n'ai rien à répondre à cette partie du rapport.

4° et 5° Recherches du moment où les majorations ont été opérées et si elles sont comprises dans le total du décompte.

Dans le relevé des moyens employés pour les majorations, il est signalé au titre III, page 33, qu'un des moyens consistait à inscrire sur les registres des noms d'individus déjà libérés. Comme exemple, on me cite l'inscription faite du nommé Boisbluche, libéré le 9 juin et porté page 1 du deuxième livre de contrôle nominatif des hommes comme entré le 1er juillet et sorti le 28 août. D'autre part, à la page 35 (ter) du même rapport, il est dit qu'il était procédé, à la fin de chaque mois, à une vérification spéciale pour s'assurer que les détenus non portés comme sortis étaient encore présents le 30 ou le 31 à minuit. Il y a là une contradiction flagrante; il s'agit de savoir d'abord à quel moment ces fausses inscriptions étaient faites sur le registre du contrôle, et *de quelque façon qu'on procédât, il était impossible à l'Administration de ne pas s'en apercevoir. Si, en effet, le registre avait été tenu, comme on nous l'a dit, au jour le jour, cette inscription frauduleuse devait être faite à sa date même, par conséquent, un individu entré le Ier juillet et porté sorti seulement le 28 août, ne pouvait échapper au contrôle de vérification fait le 31 juillet.*

Nous avons vu aussi que suivant tous les renseignements que j'ai pu recueillir, les bulletins d'entrée et de sortie n'étaient pas horés, et nous avons constaté en tout cas que d'après le *fac-simile* des livres du contrôle, les heures d'entrée et de sortie n'étaient pas portées sur cet état. Or, à la page 35 (ter) du rapport, on lit que c'est seulement en fin de chaque mois que tous les décomptes étaient faits et qu'il était procédé à l'addition des colonnes.

Comment pouvait-on alors établir un décompte exact suivant les heures, conformément aux conditions de mon marché?

Comment et d'après quelles règles établissait-on mon compte?

Il est évident, en présence des déclarations mêmes des experts, que pour établir un décompte juste, il aurait fallu, en admettant, que les bulletins d'entrée et de sortie étaient horés, ce que l'Administration aurait bien de la peine à démontrer, que l'on reprît en fin de chaque mois tous ces bulletins pour en faire le contrôle et utiliser les renseignements certains qu'ils auraient dû contenir.

On n'a donc pas lieu d'être surpris que M. Petithomme ait cherché à vérifier approximativement le nombre des journées qui pourraient m'être dues et qu'en fin de chaque mois il ait fait connaître à l'Administration, c'est-à-dire au gardien chargé de ce travail, le chiffre qui lui paraissait se rapprocher le plus de la vérité.

Il restait au gardien à faire son devoir, comment s'est-il acquitté de cette mission ? Comment, pour satisfaire à sa paresse, a-t-il laissé à des détenus le soin de faire son travail ? Pourquoi, au lieu de chercher par des moyens de contrôle à ne pas se mettre en désaccord avec les chiffres des distributions effectuées ? s'est-il mis dans le cas d'encourir les poursuites judiciaires intentées contre lui ? Ce sont là des questions qu'il ne m'appartient pas de résoudre.

6° *Importance des majorations.*

Prévoyant probablement l'objection que j'ai faite au sujet de la contradiction résultant des fraudes qui auraient été commises sous le titre III « Inscription sur les états d'individus déjà libérés », les experts oublient d'en mentionner le nombre dans le décompte général qu'ils établissent page 37.

On remarque aussi à la page 38 la déclaration faite par les experts constatant qu'il a été décompté un certain nombre de journées en moins.

On dira probablement que c'est là un moyen employé par mon agent pour justifier les majorations et donner un certain crédit à la version des erreurs. Pour moi, j'en retire seulement la preuve que les livres étaient mal tenus.

Je puis prouver d'ailleurs que, si bien tenus qu'ils puissent être, et j'en ai fait depuis le commencement de cette affaire l'expérience certaine, ils contiendront toujours des erreurs (1). Il n'y a donc rien d'étonnant que

(1) Après l'ouverture de l'instruction, on retira les contrôles aux détenus, M. Fournier, principal témoin à charge, fut chargé du travail, et on se borna alors à remettre aux détenus les bulletins d'entrée et de sortie pour

tenus par un homme absolument indolent on ait retrouvé celles qui nous ont été signalées.

7º et 8º *Déterminer les responsabilités d'après les constatations établies et à l'aide de tous témoignages et renseignements utiles.*

Nous trouvons au début de ce chapitre une déclaration importante suivant laquelle on tiendrait à délimiter les majorations constatées dans le rayon de la gestion de Petithomme, et cependant les experts constatent que ces majorations ont pris date au mois d'avril 1890 pour se terminer au 1er février 1891. Ils déclarent en outre que les livres étaient primitivement tenus (jusqu'en juin 1890) par des gardiens autres que Mondet-Blanc. Il me paraîtrait intéressant de demander à ces gardiens qui eux-mêmes auraient commis des majorations dans les mois d'avril et de mai (1) s'il sont commis ces actes frauduleux à la requête de M. Petithomme, ou si comme M. Mondet-Blanc, ils ont agi *proprio motu* parce que M. Petithomme *leur en imposait???*... Quoi qu'il en soit, nous ne pouvons qu'être surpris de ne pas les voir inculper au même titre, attendu que la fraude ne résulte point du plus ou moins grand nombre de faits constatés, mais simplement du fait lui-même. S'ils sont mis hors de cause, pourquoi y maintient-on mon employé et cherche-t-on à faire retomber sur sa tête une responsabilité qui n'est pas établie ?

rédiger l'*état facture*. Si on examinait le travail de M. Fournier, on verrait qu'il pullule d'erreurs, et on y trouverait notamment une majoration de 200 j. 5 ajoutées en bloc à la fin d'un trimestre pour faire cadrer. La conscience de M. Fournier n'en était pas moins tranquille. Au moment même où il majorait ainsi, il accusait.

(1) Les experts au criminel furent à avril le début des majorations. M. Fournier les fait remonter à février.

Ce n'est pas, en effet, pendant **toute** la gestion de M. Petithomme que les actes prétendus frauduleux auraient été commis, mais seulement, puisque l'on n'admet pas la culpabilité des prédécesseurs de Mondet-Blanc, du jour même où ledit Mondet-Blanc est entré au service de l'Administration et cela jusqu'au jour où il a été relevé de son service.

Il est fort probable que cette mise hors de cause de MM. Adam, Courtin et Debuire, prédécesseurs de Mondet-Blanc, n'a d'autre cause que leur non culpabilité réelle. Mais alors comment se fait-il que Mondet-Blanc n'étant arrivé au Dépôt qu'en mai 1890 et n'ayant été chargé effectivement du travail du contrôle nominatif qu'en juin de la même année, on puisse lui attribuer les majorations commises sur les mois d'avril et de mai. C'est que fort probablement à cette époque, comme par la suite, ce travail n'était pas effectué au jour le jour comme il aurait dû l'être et qu'il se trouvait même très en retard.

Relations avec Mondet-Blanc.

Quels ont été les rapports entre M. Lhermitte et Mondet-Blanc ? M. Lhermitte n'a jamais eu de relations avec lui (1), ni politesses, ni prêts d'argent, il ne lui a rendu aucun service. Une seule fois, Mondet-Blanc ayant quelques valeurs à vendre, M. Lhermitte voulut bien se charger de faire opérer cette vente par l'intermédiaire de son agent de change. Les experts constatent que Mondet-Blanc a même tenu compte du *courtage payé à l'agent de change.*

(1) M. Lhermitte a vu pour la première fois M. Mondet-Blanc le jour de l'audience aux assises. Le petit service qu'il lui rendit et qu'on lui reprocha fut sollicité par l'intermédiaire du gérant sur la demande du Directeur.

Et c'est un grief relevé contre·M. Lhermitte par les experts....., il n'y a rien à répondre.

Situation de Petithomme.

Petithomme était l'employé de M. Lhermitte. Il devait surveiller ses intérêts, mais c'est à la justice et non à M. Lhermitte de dire s'il l'a fait honnêtement, comme il en avait charge, ou si, au contraire, il a dépassé les limites de son mandat.

En ce qui concerne les déclarations des détenus je n'ai pas à m'en préoccuper, mais l'Administration me paraît avoir trop de confiance dans de pareilles déclarations.

Toutefois, je dois constater une contradiction flagrante qui résulte même de ces dépositions, suivant lesquelles les livres du contrôle nominatif auraient été mis seulement à la disposition des détenus à la fin de chaque mois et suivant lesquelles aussi c'est à cette époque même que les majorations auraient été faites. Comment, s'il en était ainsi, aurait-on pu inscrire le nom de détenus libérés ; il est bien évident que les inscriptions se seraient trouvées forcément en interligne.

La vérité est que le gardien Mondet-Blanc faisait travailler, pour son compte, les détenus payés comme comptables par l'entreprise, et c'est ce qui résulte de la déclaration même de Leguay.

Pourquoi et comment les livres sont-ils sortis du Dépôt, je l'ignore. Tout ce que je puis dire, c'est qu'aucune des sommes que Petithomme aurait versées à Leguay n'a été portée en dépenses sur mes livres.

La déclaration du nommé Bourcy n'est pas moins intéressante : il déclare *frauder par prévision* et il dit même qu'il n'attendait pas les ordres de Petithomme, et que, prévoyant par avance que son travail ne concorderait pas avec les dépenses plus ou moins prétendues, comme nous allons le voir par la suite, de l'entreprise, il majorait et majorait toujours.

Sur la gérance de mon fils (1), il déclare qu'aucune instruction ne lui a été donnée, mais qu'il croit avoir compris (?) qu'il lui fallait continuer le système précédemment suivi. Nul doute cependant ne saurait exister sur ce point et de toutes ces déclarations il faut retenir que si Mondet-Blanc ne faisait rien, Leguay, Bourcy et autres l'imitaient. Il était plus simple de faire une addition avec des chiffres supposés que de rechercher quels étaient les véritables chiffres, qui devaient en réalité concourir au même total de cette addition.

Je suis surpris en lisant la déclaration de Mondet-Blanc à M. Puybaraud, affirmant que s'il avait agi ainsi, c'était qu'il n'avait pu résister à M. Petithomme, *qui lui en imposait.* Rappeler cette déclaration purement et simplement, dispense de la discuter. Je crois que ce qui lui en imposait le plus, ce n'est pas M. Petithomme, mais la crainte des plaintes auxquelles aurait donné certainement lieu son travail, s'il n'avait été en concordance avec les fournitures effectuées. La façon dont-il l'a établi ne peut me concerner.

Comparaison des rations de pain fournies et des journées de détention payées.

Il est inutile de discuter cette partie du rapport (2). Je viens de dire que je n'avais aucun intérêt à vérifier les états qui étaient transmis par l'Administration ; j'ajoute

(1) Un frère de l'auteur.

(2) A la dernière heure, M. Lhermitte crut prudent — il fallait l'être — de réserver cette partie de la discussion pour sa défense à l'audience. La coupure faite est très visible. Il suffit, pour la contrôler, de relire la phrase qui termine le chapitre de cette note, relative au *relevé des majorations :*

que je ne pouvais me douter qu'il y avait des majorations, puisque les chiffres portés étaient encore inférieurs aux sommes qui m'étaient dues si on avait réellement tenu compte des dépenses de mon entreprise. Je suis prêt à fournir sur ce point technique de la question, tous les renseignements qui me seront demandés et à prouver, pièces à l'appui, la vérité de mes allégations.

Examen de mes encaissements.

Nous avons vu, dans l'exposé général fait au début de cette réponse, quel était le contrôle auquel je me livrais. Je ne pouvais m'apercevoir d'aucune autre erreur que celle provenant des faux décomptes.

A l'appui de ce dire, j'ai déclaré que le chiffre total de l'état nominatif, quelles que soient les erreurs que j'y pouvais relever, était pour moi immuable et que je n'avais ainsi, en aucune façon, à refaire les additions. Je tiens maintenant à le démontrer.

Contrairement, en effet, à ce que pensent les experts, l'état numérique qui m'était délivré chaque mois n'était pas établi par moi, mais bien par l'Administration. D'autre part, les erreurs que pouvait contenir l'état nominatif en sa rédaction devaient se balancer les unes les autres, comme j'ai eu déjà l'occasion dans ma carrière d'entrepreneur d'en faire l'expérience.

Le chiffre total de l'état nominatif étant lui-même fourni par l'Administration, comment aurai-je pu supposer qu'il était établi suivant des renseignements erronés.

Les mêmes motifs qui ont conduit les détenus employés

« Un rapprochement de chiffres me permettra tout à l'heure etc... » voir supra p. 187). Le rapprochement de chiffres était là. Il en ressortait que non seulement M. Lhermitte n'avait rien volé, mais que l'Etat lui redevait d'après son cahier des charges et les fournitures de pain, plus de 50.000 journées.

par Mondet-Blanc à inscrire sur ses livres des chiffres supposés, les ont amenés à faire entrer sur mes états les mêmes erreurs.

Il me reste maintenant à répondre à la dernière partie du rapport des experts tendant à dire que j'aurais fait des dons en nature et en espèces aux auteurs des fraudes supposées.

En ce qui concerne Petithomme, je n'ai rien à ajouter à ma première déposition.

Petithomme est entré chez moi sur la recommandation d'une personne même de ma famille qu'il connaissait et si j'ai cru devoir ne pas donner à l'affaire après laquelle je me suis séparé de lui, une autre suite, c'est que je connais moi-même parfaitement son beau-frère, avec lequel je me suis trouvé en relations directes, comme collègue au Conseil municipal et au Tribunal de Commerce d'Alençon. Je dois ajouter que d'après les renseignements que j'ai recueillis au moment même du départ de Petithomme, il se trouvait réellement dans une situation de maladie telle que la perte qu'il a alléguée pouvait paraître très possible. Quoi qu'il en soit, je ne l'ai pas conservé à mon service.

Quant aux détenus comptables, le reproche qui m'est fait de leur avoir donné des gratifications tombe de lui-même, par ce seul fait qu'il ne m'était possible de leur en octroyer qu'avec l'autorisation même de l'Administration et que si elles avaient paru exagérées en rapport des services légaux que j'étais en droit d'attendre d'eux, elle n'aurait pas dû les autoriser.

En résumé

Il ressort des explications qui précèdent :

1º Que sans me préoccuper du fait personnel et coupable reproché à Mondet-Blanc et Petithomme, j'affirme qu'il n'existe pas de majoration réelle à mon profit sur les livres de contrôle nominatif du Dépôt près la Préfecture de Police ; j'affirme même ne pas avoir reçu ce qui m'était dû, si l'Administration s'est conformée aux prescriptions de mon marché ;

2° Que si de fausses mentions de dates d'entrée et de sortie des détenus ont été inscrites sur les livres ; que si de fausses inscriptions dans les décomptes et dans les additions ont été apposées sur ces mêmes documents, ces inscriptions ont été faites par l'agent de l'Administration Mondet-Blanc ou par les détenus comptables qu'il employait indûment, et qu'elles n'ont eu d'autre objet que de permettre audit agent de se dispenser de la plus grande partie de son travail ;

3° Que si ces fausses inscriptions ont été reproduites sur les états mensuels et trimestriels d'après lesquels l'Administration me réglait, il est établi que je ne pouvais en aucune façon m'en apercevoir.

4° Que, par conséquent, sans avoir à me préoccuper autrement de ce qu'a pu faire Mondet-Blanc non plus que des rapports qui auraient existé entre lui et Petithomme, rapports que j'ai toujours ignorés, il résulte de toutes mes explications que je n'ai jamais connu et ne pouvais connaître les majorations prétendues qui sont reprochées à ces deux inculpés, qu'ils n'ont pas agi à mon instigation et que ni l'un ni l'autre ne peuvent prétendre avoir reçu de moi pour ce fait aucune rétribution.

Telles sont, Monsieur le Juge d'Instruction, les explications que je puis vous fournir pour répondre au rapport dressé sur votre demande par les experts (1).

16 novembre 1893.

______

(1) Après la remise de cette note, M. Lhermitte ne fut même pas interrogé.

II

Observations présentées par l'auteur au conseil de
préfecture, a l'audience du 3 décembre 1901, pour
répondre aux conclusions de l'état dans lesquelles
il était accusé d'avoir soudoyé les experts.

Messieurs,

Je ne ferai pas l'injure à MM. les experts — même à
l'expert de l'Etat dont notre adversaire vous supplie de
n'être pas dupe (page 5 de ses conclusions) — de venir
les défendre devant vous. Ils sont au-dessus de tous les
soupçons, mais je ne puis oublier, moi, que je suis le fils
d'un homme que l'on a osé traiter devant vous et à cette
barre même, d' « échappé de la cour d'assises » et
d' « éclopé de la correctionnelle (1) ». A ce titre, je pourrais me demander si on ne se propose pas de m'offrir
dans un de ces départements judiciaires, la place qu'on
avait primitivement réservée à mon père. Et puisqu'aussi
bien on a voulu me faire jouer un rôle important, pri-
mordial, dans cette expertise que l'on critique si sévèrement aujourd'hui, permettez-moi donc, encore moins
pour me défendre que pour vous éclairer, de venir
vous donner quelques explications indispensables sur

______

(1) Mᵉ Beurdeley, avocat de l'Etat, qui n'est pas encore parvenu à s'échapper de... l'innocence.

ce qui s'est passé depuis le jour où vous avez rendu, en 1896, une première décision en cette affaire.

M⁰ de Saint-Auban, notre excellent défenseur, vous dira tout à l'heure, en rapprochant cet arrêté du rapport même de l'expertise, ce qu'il convient de retenir en droit de toutes les critiques qui y sont faites.

Pour ma part, je me bornerai à l'examen des faits, et je vous montrerai avec des documents à l'appui, documents qui ont été versés antérieurement aux débats, et que par conséquent notre adversaire ne peut ignorer, ce qu'il faut penser de la « bonne foi » de l'Administration pénitentiaire.

Il est inutile de refaire ici l'historique de ce procès. Vous le connaissez. Je rappelle quelques dates seulement :

Le 15 février 1890, M. Lhermitte prend possession des services pénitentiaires des prisons de la Seine.

Immédiatement, des difficultés surgissent. L'entrepreneur s'aperçoit qu'on viole le cahier des charges. Il réclame. Une enquête a lieu sur sa demande. M. Grolier, inspecteur général, y procède. Mais on refuse d'en faire connaître à M. Lhermitte le résultat.

Le 2 février 1891, M. Lhermitte introduit devant vous le recours sur lequel vous avez déjà statué en principe.

Dès lors, les difficultés redoublent. M. Lhermitte, qui jusqu'alors avait été considéré comme un entrepreneur des plus sérieux, devient subitemement un malhonnête homme, un misérable. Le 27 octobre 1891, il est inculpé de faux en écritures publiques et, après une instruction qui dure dix-huit mois, traîné en cour d'assises. Puis, de tous côtés, des instructions correctionnelles sont ouvertes contre lui. Il y en a toujours quatre ou cinq en train. Et M. Lhermitte finit par succomber.

Tout cela c'est le passé. Momentanément je l'oublie.

Enfin, en 1896... nous arrivons devant vous. Il s'agit d'examiner le procès initial que nous avons fait à l'Administration. Il s'agit de savoir si, dès le premier jour, nous nous sommes plaints justement ou si, au contraire, comme on vous l'a dit dans une précédente audience : « nous étions atteints de la folie de la persécution ».

Messieurs, vous avez statué. En principe, vous avez déclaré que la majeure partie de nos réclamations étaient fondées et qu'il convenait de renvoyer l'affaire à l'expertise pour fixer la somme qui pouvait nous être due.

C'est au cours de cette expertise que j'ai eu à intervenir, conformément à mon droit, et c'est elle que je viens ici discuter.

Vous avez décidé que cette expertise serait contradictoire ; cela voulait bien dire, si je ne me trompe, que les parties y seraient entendues.

Et, dès le début, je tiens à le constater ici, l'Etat fut d'accord sur ce point, puisqu'il choisit pour le représenter à l'expertise — en dehors de son expert — M. Charpentier, contrôleur général des prisons de la Seine.

De son côté, mon père me désigna.

Le mode de procéder dans ces circonstances fut des plus simples. Il fut convenu que lorsque les experts aborderaient chacune des questions qui leur étaient soumises, le représentant de chacune des parties serait appelé à fournir des explications ; de même lorsqu'une difficulté quelconque surgirait.

C'est ainsi, Messieurs, que je suis intervenu à l'expertise, toujours dans l'une ou l'autre de ces circonstances et jamais sans que le représentant de l'Etat n'ait été appelé à venir contrôler mes demandes ou contredire mes affirmations.

Comment donc aujourd'hui ose-t-on me suspecter? Sur quoi s'appuie-t-on pour dire que j'ai « imposé ma méthode » et que « j'ai entraîné l'expert de l'Etat sur la pente des transactions fâcheuses » dont on vous supplie de ne pas être dupe.

Mon adversaire s'est cruellement trompé — je le lui dis ici en face — s'il a supposé une seule minute que je ne relèverais pas ces insinuations et j'entends aujourd'hui qu'il s'explique en me réservant de lui demander compte des imputations qu'on pourrait encore risquer à cette barre.

Il se trompe singulièrement en effet, celui-là qui croit que le galon d'un fonctionnaire et la robe d'un avocat suffisent à accorder à celui qui les portent je ne sais quelle immunité qui le mettrait au-dessus des convenances et des lois.

Et puisqu'on a osé écrire, Messieurs, dans un document officiel que vous avez entre les mains, que « je dirigeai l'expertise dans un sens conforme à mes intérêts personnels » (pp. 1 et 2), que « j'imposai ma méthode » et que j'amenai ainsi l'expert de l'Etat à des « transactions » dont on vous supplie de ne pas être dupe (p. 5), j'ai le droit d'espérer — pour le moins — qu'on va nous apporter ici des explications précises.

Quelle était ma méthode pour fasciner les experts? Quelles sont ces transactions, j'entends qu'on nous le dise.

J'ai horreur des équivoques, et c'est pourquoi je vais vous dire ce que j'ai fait pour m'assurer les bonnes grâces de l'expert de l'Etat.

Instruit par l'expérience du passé et fort de la vérité devant laquelle — j'en ai la conviction profonde — les plus rebelles sont toujours forcés à un certain moment de s'incliner, je voulus qu'on ne put incriminer aucun de mes actes, comme on l'avait fait pour mon père en de précédentes affaires.

Pour y parvenir, je refusai dès le premier moment — contrairement à tous les usages et je crois même à la loi — de verser un centime de provision à l'expert de mon adversaire.

Nous étions demandeurs, M. Jacquelin menaça de partir, d'abandonner l'expertise. Je maintins mes prétentions et voici à ce sujet les motifs que j'invoquai devant lui, en présence de ses coexperts.

Je les trouve résumés dans une lettre que j'adressai à M. Villaux, tiers-expert, *le 17 novembre 1897.*

Monsieur,

« J'ai l'honneur de venir vous confirmer les observations que je vous ai soumises lors de notre dernier entretien, en présence de vos coexperts et touchant la provision que vouz avez cru devoir me demander.

« Je suis prêt à vous remettre personnellement la provision que vous croirez utile, mais j'insiste tout particulièrement pour qu'elle vous soit personnelle. En voici les raisons :

« Au point de vue des droits, en effet, il y a une grande distinction à faire entre votre qualité et celle de vos coexperts.

« Vous êtes seul nommé par le Conseil, et c'est pourquoi, comme demandeur, je me considère comme tenu vis-à-vis de vous seul.

« Les deux autres experts sont choisis par les parties, c'est à ces dernières à les payer réciproquement et cela d'autant mieux que l'expert de la partie adverse est un fonctionnaire retraité de l'État.

« En fait, je vous ai exposé les considérations tirées du passé, qui m'obligent à me tenir sur la plus grande réserve. J'ai été poursuivi en cour d'assises pour avoir, sur les instructions mêmes de l'Administration, délivré des gobettes de vin et donné des gratifications à des détenus qui travaillaient sous ses ordres.

« Que ne pourrait-on dire si je remettais, directement ou indirectement, des fonds à son expert ?

« Pour y consentir, il me faudrait au moins la signature du ministre, encore prendrai-je soin de la faire légaliser.

« Je ne vois d'autre moyen légal que celui-là, si ce n'est une ordonnance du Conseil qui me couvrirait.

« Que l'État paie son expert, je paierai le mien, et vous ferai les provisions que vous me réclamerez, ou alors, si ces provisions doivent s'appliquer à toute l'expertise, c'est-à-dire aux trois experts, que l'État verse entre vos mains et concurrement avec moi, la moitié de la somme que vous réclamez.

« Quant aux menaces faites par l'expert de l'Etat, d'abandonner l'expertise ou de la laisser en souffrance, ainsi qu'il a déclaré le vouloir faire, permettez-moi de vous prier de lui rappeler l'article 18 de la loi du 22 juillet 1889, que je me verrai obligé d'invoquer contre lui.

« La situation qui lui est faite n'est point mienne ; je suis prêt à verser des provisions à qui de droit, c'est-à-dire à l'expert nommé par le Conseil de Préfecture et à celui que j'ai choisi.

« Quant à l'autre, je ne puis le connaître et ne saurais lui verser des provisions que couvert par une pièce,

dégageant complètement toute ma responsabilité et sous
la garantie de celui qui l'a choisi.

« Veuillez agréer, Monsieur, l'assurance de ma considération la plus distinguée.

Pour Ch. Lhermitte,

G. LHERMITTE.

A M. Villaux, tiers-expert. Paris. Aff. Lh. contre État
(Copie de lettre, folio 370.)

Voilà comment je fascinai l'expert de l'État, en lui
annonçant à l'avance ce qui se produit aujourd'hui ; en
refusant de lui verser un centime de provision, de
crainte qu'on ne vienne prétendre ensuite que je l'avais
soudoyé.

Avais-je raison ? Vous le voyez aujourd'hui ; c'est
avec insistance, Messieurs, qu'on vous supplie de ne
pas être ses dupes. D'ailleurs, s'il faut en croire mon
adversaire, M. Jacquelin n'aurait pas été seul à
m'obéir, et jamais trois experts ne furent si dociles à
satisfaire un demandeur.

« Ils s'en tinrent purement et simplement à mes chiffres,
sans se croire même obligés de les soumettre à une
vérification sommaire (p. 4).

« Ils conclurent très vite et sans examen... s'en rapportant à mes allégations (p. 32).

« Ils oublièrent de faire les vérifications que leur
prescrivait l'arrêté de votre conseil (p. 23).

« Ils ne tinrent pas compte du texte formel d'un
article du cahier des charges (p. 28).

« Ils négligèrent de procéder à une constatation indispensable (p. 34).

Et je les amenai ainsi à « formuler des conclusions

extraordinaires » (p. 20), tant et tellement que, « encouragé sans doute par la *facilité* avec laquelle j'avais obtenu d'eux, *sans plus de raison*, certaines indemnités » (p. 46), j'ai cru devoir formuler devant votre Conseil de nouvelles demandes.

Tout cela se trouve écrit, Messieurs, dans les conclusions de l'Administration, déposées le 8 juin 1900, au greffe de votre Conseil.

Ce sont là des accusations graves. Je n'ai pas, je le répète, à défendre ici les experts, mais vous admettrez que j'ai le droit, puisque je suis personnellement et nominalement désigné comme l'auteur responsable de tous ces méfaits, de me lever à mon tour pour demander des explications.

Et une à une je vais reprendre les affirmations de mon adversaire.

Ma méthode? consista à respecter les termes de l'arrêté de votre Conseil et à déclarer que toutes les questions étaient tranchées en principe. Et vous trouverez, à la page 11 du rapport d'expertise, l'exposé de mes prétentions. Restait : 1° à contrôler la matérialité des faits ; 2° à fixer le préjudice causé.

M⁰ de Saint-Auban s'expliquera sur ce point.

Quand donc on vous affirme que *j'imposai* ma méthode, on vous trompe ; je m'employai seulement de toutes mes forces à faire respecter la vôtre.

Je continue. L'Administration écrit : « Les experts s'en tinrent purement et simplement aux chiffres de l'adversaire, sans se croire même obligés de les soumettre à une vérification sommaire. »

Les faits, relatés à chaque page du rapport des experts, répondent à cette affirmation fantaisiste.

Toutes les constatations qu'on y relève sont approuvées de la signature de l'expert de l'Etat, qui a constaté lui-même toutes les vérifications faites, non seulement de ños chiffres, mais des livres de l'Administration, autant que cette dernière a bien *voulu* les communiquer.

L'avocat de l'Administration voudra bien nous dire — espérons-le — s'il entend que les transactions fâcheuses de l'expert de l'Etat sont allées jusqu'à des transactions avec sa conscience, et s'il a donné, à ses coexperts, des signatures de complaisance, en vue d'affirmer qu'il aurait été fait des démarches et procédé à des vérifications... imaginaires.

Poursuivons. « Les experts conclurent, *très vite* et *sans examen*, s'en rapportant aux allégations de M. Lhermitte. »

Très vite, c'est peut-être beaucoup dire. Grâce à l'expert de l'Etat, la vérification des bons de vivre demanda, à elle seule, près de six mois. Et votre expertise, ordonnée en 1896, a été terminée seulement le 22 octobre 1898.

Pour le surplus, je n'insiste pas.

Si les experts s'en sont rapportés à mes allégations, *sans les examiner*,

S'ils ne se sont pas livrés *au contrôle* dont vous les aviez chargés,

C'est qu'évidemment je les ai corrompus pour cela. Je suis un corrupteur. Mais vous me permettrez de ne pas me défendre sur ce point, pour n'avoir pas — même indirectement — à les défendre d'une accusation dont vous avez déjà fait justice.

J'en arrive à la troisième affirmation de mon adversaire.

« Les experts oublièrent de faire les vérifications que leur prescrivait l'arrêté de votre Conseil. »

Sur ce point, Messieurs, je dois avouer que l'Etat a peut-être un peu raison : Il ne fut pas toujours possible aux experts, de faire toutes les vérifications que vous aviez désignées, car si, en ce qui me concerne, il n'est pas une seule des preuves que je vous avais promises que je n'aie apportée à l'expertise, il est loin d'en avoir été de même de l'autre côté de la barre.

Exemple : En décembre 1897, M. Villaux, qui avait en vain demandé dans les prisons communication des livres d'écrou, finit par s'adresser au représentant de l'Etat, M. Charpentier, pour l'inviter à faire mettre ces documents à la disposition de l'expertise.

Vous trouverez à la page 34 du rapport des experts la réponse qui fut faite le 28 décembre à cette demande. Je la résume :

Ces livres étaient confidentiels, M. le Garde des Sceaux et M. le Ministre de l'Intérieur pouvaient seuls accorder l'autorisation sollicitée.

Que faire ? M. Villaux, votre troisième expert, écrivit alors au Ministre. Sa lettre est datée du 6 janvier 1898. Elle demeura sans réponse.

Le 7 février suivant, il la confirma. Et c'est le 2 mars seulement que l'Administration se décida enfin à faire savoir à votre expert que des ordres étaient donnés en conséquence.

Un autre fait. Vous le trouverez relaté à la page 58 du rapport des experts, dans un dire de M. Jacquelin.

Vous aviez décidé qu'il serait procédé à un rapprochement entre les cahiers de visite des médecins et les bons d'infirmerie, ou à toute autre vérification permettant d'établir s'il avait été véritablement perçu des rations de vivres d'infirmerie en dehors des conditions prévues par le cahier des charges.

Voici la déclaration de l'expert de l'Etat à ce sujet : « Malheureusement, les documents sont *épars* et *incomplets*, mais, tels qu'ils sont, ils suffisent pour démontrer à un expert *non prévenu* (vous retiendrez cette amabilité de l'expert de l'Etat pour ses collègues), qu'il n'a pas été demandé à l'entrepreneur plus de quantités que n'en comportait le service du jour. »

« C'est, ajoute M. Jacquelin, *une question de bonne foi. On en demandait la preuve. C'est impossible.* »

Ces deux faits suffiraient à eux seuls à éclairer votre religion et je n'insisterais pas sur ce point, s'il n'était un autre fait beaucoup plus grave et qui intéressera non moins que vous, j'en suis convaincu, M. Bulot, aujourd'hui procureur général.

Au Dépôt, quand Messieurs les Experts s'y sont présentés pour procéder à certaines vérifications, on leur a répondu que presque toute la comptabilité — la comptabilité officielle vous m'entendez bien — avait été brûlée. Pour préciser, on a même ajouté que cette destruction avait été ordonnée et exécutée *en mars ou avril 1893*, au cours d'une épidémie de typhus.

Je vous prierai seulement de remarquer que mon père fut poursuivi pour l'avoir falsifiée en mai 1894.

Le moment n'est pas venu encore de tirer de cette déclaration toutes les conséquences légales, mais vous devez comprendre avec quelle impatience je l'attends.

La quatrième affirmation de l'Administration est ainsi formulée :

« Ils ne tinrent aucun compte du texte formel du cahier des charges. »

L'article auquel on fait allusion ici, Messieurs, c'est l'article 31, qui vise le bulletin de cantine.

En principe, vous avez décidé, dans votre arrêté de 1896, que ce bulletin de cantine devait être établi par l'Administration, conformément aux termes mêmes du cahier des charges.

Les experts avaient donc pour mission de rechercher si ce bulletin nous avait été, oui ou non, remis, et, dans la négative, de déterminer le préjudice qui nous avait été causé.

Notre adversaire reproche aux experts de s'être conformés à votre décision et de n'avoir pas interprété autrement que vous un article sur le sens duquel vous vous étiez très nettement, très catégoriquement, prononcés.

Un mot, d'ailleurs, va suffire pour vous montrer la « bonne foi » de notre adversaire. Voici la théorie qu'il espère faire triompher devant vous, et qu'il oppose au rapport des experts :

« Si le sieur Lhermitte, dit-il, a délivré, comme il le prétend, des vivres supplémentaires, bien qu'il n'eût pas entre les mains le bulletin sans lequel il ne devait rien donner aux détenus, il a violé précisément l'article 31 du cahier des charges, et si cette opération irrégulière lui a causé un préjudice évalué à 2.253 fr. 27, il ne peut s'en prendre qu'à lui-même. .

« Ayant méconnu les prescriptions formelles du cahier des charges, il doit en supporter les conséquences. »

Vous entendez bien, Messieurs, il n'est rien dû à M. Lhermitte :

Parce que c'est lui qui ne s'est pas conformé à l'article 31 ;

Parce que c'est lui qui n'a pas exigé, ou voulu recevoir, de l'Administration, le bulletin de vivres de cantine prévu par cet article ;

Parce que c'est lui qui a violé le cahier des charges.

Jugez maintenant : Voici des faits et des documents. Le tout est relaté dans le « Premier Mémoire » qui vous a été remis (pp. 196 et suivantes).

Vous y trouverez d'abord cinq lettres, dont trois sont adressées au directeur de la Santé, les 15 décembre 1890, 9 avril 1891 et 13 avril 1891.

Les deux autres sont adressées à M. le Préfet de Police du département de la Seine. Elles sont datées : 11 avril 1891 et 12 avril 1891.

Ces cinq lettres démentent formellement les affirmations qu'on nous oppose aujourd'hui. Elles sont la preuve indiscutable que M. Lhermitte a toujours réclamé ce bulletin de cantine et que l'Administration le lui a toujours refusé.

Il y a mieux, c'est un acte extra-judiciaire, une signification-sommation en date du 15 avril 1891 faite à la requête de M. Lhermitte à M. le Directeur de la Santé par M. Paul Levassort, huissier près le Tribunal civil de la Seine.

Cet acte est reproduit en entier à la page 199 de notre « Premier Mémoire ».

Il se termine ainsi :

« J'ai, etc., fait sommation à M. Laguesse, directeur de la Santé, etc.

« D'avoir à délivrer immédiatement à mon requérant l'état prescrit par l'article 31 de son cahier des charges établi suivant les prescriptions de cet article ; où, s'il maintient son refus, d'avoir à lui laisser assurer le service de la cantine auquel il est tenu.

« Lui déclarant que, malgré son refus, ce service ne sera assuré que sous sa responsabilité personnelle et, en tant que de besoin, celle de l'Etat, responsable de ses fonctionnaires. »

Voilà, Messieurs, comment M. Lhermitte a violé le cahier des charges.

Voilà la vérité brutale qui réduit à néant le mensonge.

La cinquième affirmation de notre adversaire n'est pas moins troublante quand on l'envisage au point de vue de la bonne foi de notre adversaire et qu'en regard de ses prétentions on place l'évidence des faits.

L'Administration l'a formulée ainsi :

« Si les experts, au lieu de s'en tenir aux allégations du sieur Lhermite, *avaient procédé sur ce point* (il s'agit

12.

du retard dans les paiements) *à une vérification quel-conque*, ils auraient facilement constaté que l'entrepreneur avait fait preuve d'incurie en négligeant de faire établir sur timbre les états nominatifs qu'il était tenu de produire pour obtenir le paiement des journées de détention. »

Une observation générale s'impose tout d'abord sur ce point : c'est aujourd'hui la première fois que cette question d'irrégularité est soulevée. Pendant les trois années que durèrent l'entreprise, non plus que durant l'expertise, elle ne nous fut opposée. Il nous a fallu arriver jusqu'à cette barre pour apprendre que si l'Administration nous paya seulement en 1894 et 1895 les centaines de mille francs qu'elle s'était engagée à nous payer en 1891, c'est que nos mémoires n'avaient pas été établis régulièrement.

Or, tous étaient copiés sur le même modèle. Pourquoi donc paya-t-elle les uns à leur échéance et non les autres ? Pourquoi encore finit-elle — sans soulever cette question d'irrégularité — par les régler tous ?

Il n'est pas moins étrange que ni l'expert de l'Etat, M. Jacquelin, ni le représentant de l'Administration à l'expertise, M. Charpentier, n'aient invoqué ce moyen de défense.

Et je ne vois pas bien comment les experts eussent pu deviner que des irrégularités avaient été commises.

Sous le bénéfice de ces observations générales, j'aborde maintenant la discussion même du fait.

Est-il exact que les factures établies par M. Lhermitte soient irrégulières ?

On nous oppose sur ce point un arrêt de la Cour des Comptes.

Je vous réponds : cet arrêt n'a aucune valeur légale contre M. Lhermitte. Il ne le connaît pas. Il ne lui a pas été signifié. Il ne peut donc pas le discuter. Et votre adversaire lui-même ne peut l'invoquer puisque cet arrêt est daté de 1896 et que les faits se passent en 1891.

Que l'Administration aille donc chercher ailleurs ses arguments. La Cour des Comptes a peut-être eu raison de décider contre l'Administration ce qu'elle a décidé, je n'en sais rien. Je sais seulement qu'elle n'a pu mettre à notre charge des obligations qui n'étaient pas inscrites au cahier des charges qui est la loi des parties.

Voici en effet ce que dit le cahier des charges dans son article 72 qui régit la matière :

« L'entrepreneur sera payé tous les mois, sur la production d'états dressés par lui et à ses frais, vérifiés et visés par le préfet. Ces états pourront indiquer seulement le nombre des journées ; mais il sera établi, pour chaque trimestre, un état nominatif faisant connaître la date de l'entrée, la date et le motif de la sortie, le nombre afférent à chaque individu.

« La fourniture des papiers et imprimés nécessaires pour établir ces états, ainsi que les bulletins de vivres, etc., demeurent à la charge de l'entrepreneur. Tous ces documents et imprimés devront être conformes aux modèles prescrits par le ministre. »

Voilà les obligations de M. Lhermitte. Ni directement ni indirectement il n'est question, vous le voyez, de factures timbrées et il a fallu que l'Administration fut acculée dans ses derniers retranchements pour invoquer cet argument in-extremis.

Tout d'abord, vous vous le rappelez, au lieu de nous dire : « régularisez vos factures après quoi je vous paierai », ce qui eut été logique si l'argument avait été sérieux, elle nous menaça de nous faire mettre en faillite. Et le télégramme cynique qu'elle nous adressa alors, nous indique les véritables causes du retard apporté dans le règlement de nos factures. Permettez-moi de vous le relire :

« Réclamation Lhermitte m'est signalée sur paiement de certaines dépenses pour entretien des détenus durant dernier mois 1890 ; *la fixation et l'insuffisance des ressources budgétaires à quoi le gouvernement n'avait pas le pouvoir de parer*, n'a pas permis de vous adresser les délégations nécessaires ; le vote par le Parlement des crédits supplémentaires qui affectent d'ailleurs caractère obligatoire est indispensable et prochain.

« Je vous délivrerai immédiatement ordonnance que *force majeure* rend impossible plus tôt ; cessation de service par M. Lhermitte, sous prétexte de *simple embarras* ou *dommage à examiner*, serait donc inexplicable et inadmissible ; elle l'exposerait à être considéré comme *entrepreneur défaillant et à faire pourvoir pour son compte à la marche obligatoire des services, en conformité des dispositions impératives de l'article 64 du cahier des charges, jusqu'à nouvelle adjudication à sa folle enchère.* »

Telles sont les menaces que M. Herbette nous faisait en 1891. Elles contiennent en elles-mêmes le plus formel aveu.

Si on ne nous payait pas, ce n'est pas, comme on le prétend aujourd'hui, que nos factures étaient irrégulières, c'est qu'on avait épuisé, dans je ne sais quelles entreprises louches qui eurent un jour un triste écho au Parlement, les crédits inscrits au budget.

Mieux encore peut-être, ce qui se passa par la suite l'a démontré, puisqu'à une certaine époque, M. Herbette ayant quitté la direction de l'Administration pénitentiaire, son successeur examina le moyen de nous indemniser en ordonnant le remboursement de notre cautionnement.

Un dernier fait enfin. On vous dit, les factures devaient être sur timbre. Je vous ai montré que rien ne nous y obligeait. J'ajoute que cependant nous l'avons fait. Tous les mois, un état récapitulatif était dressé par nos soins sur une feuille de papier timbré à 0 fr. 60 et cet état était présenté à la signature des directeurs de tous les établissements.

Ces fonctionnaires l'ont *toujours* signé, le Préfet l'a toujours *approuvé*. Pourquoi donc auraient-ils agi ainsi si cet état n'avait pas été régulier?

Cela suffit — n'est-il pas vrai? — à vous montrer sous son vrai jour la valeur de l'argument qu'on nous oppose aujourd'hui et la bonne foi de notre adversaire.

Après s'être efforcé de nous intimider par la menace, puis de temporiser, il s'est employé à obtenir contre nous, en dehors de nous, dans des circonstances que nous ignorons, un arrêt de la Cour des Comptes qu'il n'a même pas osé nous signifier, et qu'il nous oppose aujourd'hui pour vicier votre justice.

Vous voyez ce qu'il faut retenir de cet argument sans valeur, en fait comme en droit.

Permettez-moi encore, Messieurs, de relever une inexactitude flagrante, sur laquelle l'Administration s'appuie pour vous soumettre — en raisonnant par l'absurde, ce qui est assez son genre — une théorie fantaisiste.

Elle écrit (p. 6) :

M. Lhermitte réclamait 423.358 fr. 14 pour ce chef (le seizième transf. sur Nanterre).

Lorsque l'expertise déclara que le préjudice qu'il avait subi ne s'élevait pas à plus de 87.198 fr. 82, l'entrepreneur *s'empressa d'accepter ce chiffre*, qui ne représentait cependant que le cinquième environ de la somme réclamée.

C'est faux, parce que le 14 septembre 1898, par lettre insérée au rapport des experts (p. 151), M. Lhermitte a protesté énergiquement et mis en demeure les experts d'exiger de l'Administration les renseignements qu'elle lui refusait pour *examiner d'une façon complète* la question qui leur était soumise.

Faux encore, parce que le 17 septembre 1898, par lettre insérée au rapport des experts (p. 154), l'Administration a opposé à la demande de M. Lhermitte qui lui avait été transmise par les experts, un refus aussi formel qu'arbitraire.

Faux toujours, parce que, à la suite de ce refus, M. Lhermitte ne pouvait plus que renouveler ses protestations, et vous les trouverez consignées à la page 155 du *Rapport des experts*.

Faux, enfin, parce que vous êtes saisi à ce sujet de conclusions tendant à obtenir sur ce point un supplément d'expertise.

Voilà comment M. Lhermitte s'est empressé d'accepter la somme de 87.198 fr. 82, qui ne représentait pas le cinquième de sa demande, sur laquelle Me de Saint-Auban vous renseignera plus complètement tout à l'heure.

J'en aurais fini, Messieurs, s'il ne me restait encore à envisager la dernière accusation lancée contre moi par notre adversaire.

Voici cette accusation : « M. Lhermitte, fils, a amené les experts à formuler des conclusions extraordinaires », si extraordinaires que, « encouragé sans doute par la *facilité* avec laquelle il avait obtenu d'eux *sans plus de raison* certaines indemnités », il a cru devoir former devant votre Conseil de nouvelles demandes.

Je crois qu'il est impossible de discuter sur le véritable sens à donner à ces affirmations.

Il ne me convient pas de me défendre.

Je poserai simplement à Me Beurdeley, qui représente ici l'Etat, cette question à laquelle il voudra bien répondre :

« Par quels moyens ai-je pu obtenir *facilement* et **sans aucune raison**, c'est-à-dire *complaisamment*, si ce n'est par corruption, par sortilège, un rapport en notre faveur, signé des trois experts? »

De deux choses l'une, Messieurs. Ou notre adversaire a entre les mains des preuves éclatantes de ce qu'il a avancé, et je le somme de les produire à cette barre, publiquement, de telle façon que la justice criminelle, immédiatement instruite, s'assure de ma personne et s'empare de cette affaire.

Ou, au contraire, il est incapable de vous apporter ici même une preuve morale de ce que son client a osé écrire, et je lui défends de répéter devant vous toutes ces diffamations et tous ces mensonges.

Qu'il aille chercher ailleurs, s'il le veut, d'autres preuves, d'autres documents, d'autres théories pour étouffer la vérité, qui, malgré tout, commence à se faire jour. Il ne l'empêchera pas d'éclater bientôt, lumineuse pour tous.

Voilà, Messieurs, tout ce que j'avais pour l'instant à vous dire. J'ai confiance en votre justice. Vous m'excuserez si je me suis laissé entraîner par un légitime sentiment de révolte, en pensant que ce n'est pas nous qui avons placé cette affaire sur le terrain brûlant où elle se trouve.

Aux affirmations... erronées qu'on nous oppose depuis douze ans, aux contradictions flagrantes, aux insinuations perfides, aux accusations criminelles, nous n'avons jamais fait échec qu'en invoquant la vérité. Et si du choc qui en est résulté, je me suis efforcé, en toute circonstance, de faire jaillir une étincelle qui éclairât d'un jour nouveau les tristesses du passé, je n'ai fait qu'user de mon droit, car ce n'est pas seulement une question d'argent qui est en cause, c'est l'honneur de mon père et celui de tous les miens que je défends.

III

L'INCIDENT DES ASSISES

*Je veux une condamnation, j'aurai
une condamnation.*

PUYBARAUD.

La première partie de ce volume est presque entièrement tirée d'un mémoire officiel rédigé en 1896 en collaboration avec Me de Saint-Auban.

Ce mémoire est déposé depuis cette époque au greffe du Conseil de Préfecture de la Seine. Il a été discuté en audience publique et sur ce point particulier l'avocat de l'Etat, Me Beurdeley, s'est borné à répondre qu'il n'avait pas à défendre M. Puybaraud.

Mes lecteurs comprendront facilement qu'avant de reproduire — même sous la signature de son client — ce propos de M. Puybaraud, Me de Saint-Auban ait tenu à se renseigner. N'étais-je pas partie en cause ? Et le grand désir de justice que j'avais pouvait m'égarer.

Pour le rassurer, je me rendis, avec deux témoins, au bureau des omnibus de la place du Théâtre-Français, où, je le savais, M. Courtin, qui avait quitté l'Administration pénitentiaire, était employé comme contrôleur. Je le priai alors de nous retracer la scène qui s'était déroulée dans la salle des témoins. Il le fit et répéta le propos dans les mêmes termes. Il ajouta ce détail : que M. Puybaraud ne voulait pas laisser déposer un gardien cité comme témoin par la défense, sous prétexte qu'il n'avait pas été *autorisé*. Quelqu'un fut dépêché aussitôt au Ministère pour obtenir cette autorisation.

Depuis cette époque, j'ai demandé à M. Meuger, également, de rappeler ses souvenirs. Il l'a fait par écrit, en ces termes :

« Je puis vous dire, en toute sincérité, que le jour de l'audience, M. Puybaraud, M. Courtin, gardien, M. Fournier et moi, nous nous trouvions dans la salle des témoins en attendant notre appel devant la cour.

M. Puybaraud, *nerveux*, causant avec moi sur ce que pourrait être ma déposition, devenait de plus en plus irritable et, à un moment donné, dit carrément que *s'il fallait que ce procès se terminât sans condamnation, ce serait la pire des choses* pour l'Administration ; il me dit ensuite des choses désagréables que remarquèrent MM. Fournier et Courtin, parce que je lui prouvais nettement que les accusés n'étaient pour rien dans l'affaire ; je ne me rappelle pas au juste ses propres paroles, mais *il est de toute évidence qu'il souhaitait qu'une condamnation fût le résultat du procès.*

(Avril 1900.)

IV

LES INTRIGUES JUDICIAIRES (1)

ÉPILOGUE DE L'AFFAIRE DES FRAUDES DU DÉPOT

LA VENGEANCE DE L'ADMINISTRATION
LA DISGRACE D'UN JUGE D'INSTRUCTION
RÉVOCATION IMMINENTE DU DIRECTEUR DU DÉPOT
M. BULOT EN QUARANTAINE

Nous avons rendu compte de ce procès curieux des
« Fraudes du Dépôt », procès dont l'instruction avait
duré deux ans, et que les dépositions de quelques
témoins réduisirent à néant avant même le réquisitoire
de l'avocat général et les plaidoieries des défenseurs.

On connaîtrait mal l'Administration française si l'on
croyait qu'après un échec aussi retentissant elle allait
se tenir pour battue.

MM. Lhermitte et consorts acquittés, très bien,
mais cet acquittement, ce soufflet si bien appliqué sur
la joue de l'accusation, devait être vengé.

(1) *Petite République*, 21 mai 1894.

Vengé sur qui ? Sur le jury ? Impossible. Ce serait donc alors sur les maladroits qui ont amené le fiasco si complet du parquet.

Trois personnes ont été rendues responsables de la fâcheuse tournure prise par une affaire que l'on jugeait au contraire très profitable à la réputation de finesse et d'habileté des magistrats. Ces trois personnes sont : 1° M. Habert, juge d'instruction ; 2° M. Meuger, directeur du Dépôt ; 3° M. Bulot, avocat général.

Le juge d'instruction.

Oh ! celui-là, paraît-il, il est sûr de son affaire, et une personne qui a des attaches directes avec le plus haut dignitaire de l'Administration judiciaire nous disait hier encore :

« Le ministre garde à M. Habert une grosse rancune. « Maintenant ce magistrat est toisé ; son incapacité « dans cette affaire a été notoire. Elle n'a eu d'égale « que sa lenteur et sa maladresse. »

« Cet homme-là n'a pas l'étoffe d'un vrai magistrat. »

Quant un ministre porte un jugement semblable sur un de ses subordonnés, le compte de celui-ci est bon...

Il est vrai que M. Habert a la consolation de se dire que les ministres passent et que la magistrature reste — hélas !

Le cas de M. Meuger.

Pour M. Meuger, directeur du Dépôt de la Préfecture et employé dans l'Administration depuis plus de dix ans, il est sous le coup d'une révocation immédiate.

Voici, en effet, le résumé de la conversation qui a été tenue hier entre lui et M. Duflost, directeur général des services pénitentiaires.

On pourra s'étonner en haut lieu que nous puissions reproduire ainsi textuellement les termes d'un entretien qui a eu lieu à huis-clos ; mais il est inutile de chercher à incriminer et rendre responsables des commis nullement coupables d'indiscrétion ; que l'on suppose, si l'on veut, que nous étions sous la table.

Donc, hier matin, M. Duflost, ayant convoqué dans son cabinet, M. Meuger, accueillit celui-ci, dès son entrée, avec une extrême violence.

— Ah ! vous voilà, M. Meuger, dit-il vivement ; je vous ai fait venir pour vous blâmer, de la façon la plus absolue, sur votre attitude comme témoin dans l'affaire du Dépôt.

Et, sans laisser à M. Meuger la faculté d'une seule protestation :

— Comment, continua le haut fonctionnaire, comment c'est vous qui mettez tout en branle ; c'est sur vos dires que nous entreprenons cette vaste poursuite, et, quand arrive le grand jour, au lieu de nous soutenir, vous faites chorus avec la défense et vous passez carrément à Lhermitte et à ses accolytes. Vous ne vous étonnerez pas que je trouve cette conduite au moins étrange !

Visiblement troublé par ce déluge de paroles agressives, M. Meuger fut quelque temps sans articuler une excuse ; cependant, profitant d'un moment où M. Duflost prenait respiration :

— Monsieur le Directeur, répondit M. Meuger, je ne juge pas ma conduite, dans cette affaire, si blâmable, et je ne vois pas que mon attitude comme témoin dans l'affaire du Dépôt puisse être en rien incriminée. Je suis, d'ailleurs, couvert par une lettre de M. le Ministre de l'Intérieur.

M. Duflost. — Quelle lettre et que voulez-vous dire ?
M. Meuger. — Mais celle-ci, Monsieur le Directeur.

Une lettre de M. Raynal.

Et, tirant de sa poche une lettre portant l'en-tête du Ministère de l'Intérieur et signée Raynal, M. Meuger en donne lecture à M. Duflost.

M. Meuger dut relire deux fois la dernière phrase de la missive ministérielle dont nous garantissons absolument l'esprit, sinon les termes :

« Du reste, allez-y franchement et dites carrément *tout ce que vous savez.* »

— Eh bien, Monsieur, reprit aigrement M. Duflost après être resté rêveur pendant quelques minutes, eh bien, quoi ! dites *tout ce que vous savez ;* vous ne comprenez donc pas ce que parler veut dire ?

Il hésita un moment, très perplexe. Puis il ajouta :

— Décidément, Monsieur, vous êtes bien maladroit.

Encore une longue pause, pendant laquelle les deux personnages, très embarrassés, se regardèrent en chiens de faïence...

— Cet entretien a trop duré, conclut en se promenant plus vite dans son cabinet le directeur général des services pénitentiaires, oui, cet entretien a trop duré ; sachez, Monsieur, que je vais me faire préparer un dossier de l'affaire, dossier que je lirai et étudierai moi-même ; dans quinze jours, je vous donne rendez-vous pour vous faire part des intentions de l'Administration supérieure à votre égard. Vous pouvez vous retirer.

M. Meuger partit navré, se sentant sous le coup d'une révocation imminente.

Qu'il apprenne, si cela peut le consoler, qu'il ne sera

probablement pas la seule victime des rancunes administratives.

L'avocat général Bulot aura, lui aussi, à se repentir
de ses déclarations étrangement chevaleresques, et la
disgrâce dans laquelle il se sent déjà précipité, le fera
réfléchir sur les inconvénients qu'il y a pour le représentant du ministère public — du ministère de l'esprit
nouveau et des lois liberticides — à abandonner sans
ordre une accusation pour faire soi-disant de l'*excellente justice* (1).

G. M.

(1) Au mois d'août suivant, M. Meuger était déplacé. On l'envoyait à la
direction de Saint-Lazare.

Un an plus tard il était mis à la retraite.

M. Habert fut depuis nommé juge d'instruction en province. Il est mort.
Je dois d'ailleurs ajouter que ce ne fut pas lui qui clôtura l'instruction.
Pourquoi? Je l'ignore. Refusa-t-il de rédiger le réquisitoire au Parquet? Cela
est possible. Quoi qu'il en soit, le document est signé de M. Joly, juge
d'instruction. A chacun ses responsabilités.

V

LA FOUILLEUSE

Il est difficile d'exposer en une simple note, l'affaire de la Fouilleuse. La Fouilleuse était une maison de correction pour jeunes filles. M. Herbette en avait confié la direction à une de ses protégées, Mme Hubert, et il se plaisait à appeler cette maison « sa Légion d'honneur ». D'*horreurs !* eût été plus juste. Lorsque le scandale éclata en 1892, on apprit :

1° Que par ordre de M. Herbette, la maison avait été jusqu'au dernier moment, soustraite au contrôle des inspections générales. (Déposition de Mme Dupuis. — Tribunal correctionnel de Versailles, 14 avril 1892.)

2° Que les jeunes détenues étaient mises à la torture, qu'on les mettait à genoux avec la camisole de force, les mains croisées aux omoplates, et qu'on les relevait à coups de pieds et à coups de genoux. Le fouet était donné à coups de corde, etc., etc. (Même déposition.)

3° Que ces faits, si graves soient-ils, avaient paru secondaires à M. Grollier, inspecteur général, auprès des irrégularités financières relevées par lui dans l'établissement. (Déposition de M. Grollier, inspecteur général des prisons.)

> *Extrait des comptes rendus judiciaires*
> *de l'époque.*

Après un article du *Pays* dévoilant les monstruosités de la Fouilleuse, et félicitant M. Sigismond Lacroix d'avoir réclamé la publication du rapport de M. Grollier, celui-ci écrivit dans le *Radical* du 10 février 1892 :

J'ai ici une rectification à faire : je n'ai pas réclamé la publication **d'un** *rapport* concernant la gestion de M. Herbette ; j'ai réclamé la publication **des** *rapports* (il y en a plus d'un), adressés au ministère de l'Intérieur sur les actes variés de prévarication commis par M. Herbette. Le travail de M. Grollier n'est qu'un de ces rapports, tous accablants pour M. Herbette.

. . . .

Le *Pays* s'étonne que M. Herbette ait obtenu en récompense de ses méfaits un siège au Conseil d'Etat. Moi, je m'en suis indigné au moment où cette nomination a été connue. Mais on se lasse de tout, même d'être indigné.

Et puis, pourquoi s'en prendre à M. Fallières tout seul ? Ce n'est pas juste.

. . . .

Certes, la présence de M. Herbette au Conseil d'Etat est une honte. Mais ce qui n'est pas moins honteux, c'est la faiblesse des ministres, de tous les ministres qui l'ont nommé ; c'est l'inertie des députés, qui l'ont laissé nommer.

Maintenant, quand publiera-t-on **les rapports**.

Le successeur de M. Herbette (1)

M. Lagarde, qui succéda, à la direction du service pénitentiaire au Ministère de l'Intérieur, au sieur Herbette, révoqué pour les « irrégularités » que nos lecteurs

____

(1) L'*Intransigeant*, 21 février 1892.

connaissent bien, serait sur le point de résilier ses fonctions.

M. Lagarde a trouvé de tels « loups » dans la comptabilité, un tel désarroi dans le service, qu'il lui a été impossible de rétablir les choses dans l'état dont elles n'auraient jamais dû sortir.

Après trois mois de lutte, voyant qu'il ne pouvait combler le déficit creusé par Herbette, se trouvant aux prises avec des marchés irréguliers et coûteux, mais qu'il ne peut résilier, le nouveau directeur a voulu mettre sa responsabilité à couvert.

Il s'est adressé au Ministre de l'Intérieur et lui a demandé l'autorisation de publier un mémoire sur la situation des prisons.

Ce mémoire devant forcément dévoiler officiellement les malversations d'Herbette, M. Constans a refusé d'accorder l'autorisation demandée.

Voilà pourquoi M. Lagarde va démissionner.

Il faut que les cartons de l'Administration pénitentiaire contiennent des révélations bien étranges, pour qu'un ancien préfet de la Vidange s'en soit ému à ce point.

La situation de M. Herbette est telle, qu'on va être obligé de la donner à un de ses anciens pensionnaires.

Il n'est pas certain que la pudeur d'un forçat ne s'effarouchera pas au spectacle de toutes ces infamies.

A.-D. M.

L'Affaire Herbette (1)

Que devient l'interpellation de M. Laguerre sur les affaires de la Fouilleuse ? Est-ce qu'elle se serait évanouie avec l'ancien ministère ? Est-on satisfait parce

(1) *La Souveraineté*, 11 mars 1892.

que M. Fallières, auteur direct et responsable de la
nomination scandaleuse de M. Herbette au Conseil
d'État, n'est plus ministre? Ce serait par trop extraordinaire.

M. Fallières n'est plus ministre, c'est vrai; mais
M. Herbette est toujours conseiller d'État. Ce que
réclame l'opinion publique, si émue par les atrocités
que nous avons révélées et qui ne le sera pas moins par
celles que nous allons encore dévoiler, c'est la révocation
de M. Herbette. Il est indispensable que l'ancien directeur de l'Administration pénitentiaire porte la responsabilité des infamies qui se sont passées sous son proconsulat!

Les Herbette

On dit que l'Herbette de Berlin, qui est plus l'ambas-
sadeur de Guillaume que celui de la République
Française, est sur le point d'être remplacé. Tant
mieux! tous les patriotes applaudiront, comme tous
les braves gens se réjouiront du renvoi de l'autre Herbette,
celui du Conseil d'État, le protecteur des tortionnaires
de la Fouilleuse.

Anecdote.

A propos des frères Herbette, une anecdote :

Après la révocation du directeur des prisons, l'am-
bassadeur vint trouver M. de Freycinet — son protecteur
et ami — lui dit que si son frère n'était pas replacé,
son maintien à Berlin devenait impossible. Le discrédit
de l'un aurait atteint l'autre.

M. de Freycinet résista, mais les instances augmen-
taient. Enfin, pour faire fléchir le ministère, M. Herbette
de Berlin, imagina cette comédie.

M. Herbette, des Prisons, serait nommé conseiller ·d'Etat, mais sa nomination serait surtout « ad honorem », et, après quelques mois de possession apparente, il donnerait sa démission et rentrerait silencieusement dans la vie privée.

Le marché fut conclu, mais il y a six mois que M. Herbette des Prisons est au Conseil d'Etat, et il ne parle plus de s'en aller.

La France en a par-dessus la tête de tous les Herbette ! qu'on l'en débarrasse !

Il paraît que deux députés en savent long sur M. Herbette, il paraît qu'ils ont un dossier bien fourni ; je le crois, sans trop oser espérer qu'ils l'ouvrent jamais.

En tout cas, nous qui avons remis la question Herbette sur le tapis, nous allons apporter de nouveaux détails qui engageront peut-être quelque député courageux à monter à la tribune, et à demander la publication des divers rapports formant l'enquête ordonnée par M. Constant, relativement aux faits reprochés à M. Herbette.

Si ce que nous allons dire, ajouté aux monstruosités que nous avons déjà étalées ici, ne suffit pas pour obtenir justice, nous recommencerons bientôt, nous recommencerons encore, jusqu'à ce que nous ayons gagné ce procès de l'indignation populaire.

Revenons à la Fouilleuse.

Un Portier bourreau.

Parmi les dépositions faites auprès des enquêteurs, il en est une bien terrible dans sa simplicité.

Le garde-portier a raconté que c'était lui, tout d'abord, qui était chargé de mettre la camisole de force aux jeunes filles : « On me faisait tellement serrer, a-t-il dit, que j'en avais les marques aux mains et que celles-ci me faisaient mal. Si bien qu'un beau jour je dis à ma femme : « J'en ai assez, je ne veux plus mettre la camisole de force, on me fait tellement serrer qu'un beau jour un enfant **me passera** dans les mains. Et je n'ai pas envie d'aller en cour d'assises. »

« J'ai donc refusé, ajouta le gardien-portier, de continuer à mettre la camisole de force. On dressa alors deux jeunes filles pour me remplacer dans cette besogne.»

N'est-elle pas épouvantable cette déposition ? Ne sont-elles pas de nature à faire dresser les cheveux sur la tête, ces paroles de cet homme qu'on oblige à serrer la camisole de force au point qu'il a peur de tuer un enfant ?

Passons à un autre fait :

Il y avait, à la Fouilleuse, une jeune fille ayant, nous le reconnaissons, un caractère difficile. Il fallait savoir la prendre. Dans la maison où elle était avant d'être transportée à la Fouilleuse, on avait su la comprendre, puisqu'elle était notée comme excellent sujet.

La directrice de la Fouilleuse, Mme Hubert, la prit à son service. Mais directrice et détenue ne surent point s'entendre, si bien qu'un beau jour la jeune fille fut impolie.

La Torture.

Renvoyée à l'atelier, aigrie par ce renvoi, elle se laissa aller de nouveau à son caractère difficile. Un jour, pour une faute légère, on lui ordonna de demander grâce. Elle s'y refusa.

Il fallait la punir, c'était tout naturel et nous sommes les premiers à dire qu'on fit bien, mais encore faut-il savoir quel genre de punition on lui infligea.

D'abord la camisole de force ; puis on lui lança à la figure **140** seaux d'eau ; 140, vous avez bien lu. Ces 140 ont été comptés. Cela se trouve tout au long dans le rapport sur la Fouilleuse. Mais ces supplices furent jugés insuffisants. On enferma la jeune fille pendant **trois mois** en cellule, quand elle sortit, elle était, disent les témoins, absolument méconnaissable.

La peine était-elle en proportion avec la faute? Nous n'hésitons pas à dire : non! Nous savons bien que, dans les colonies pénitentiaires, il y a des caractères diaboliques, « des fortes têtes » comme on dit au régiment. Mais c'est justement en face de ces fortes têtes que le rôle des éducateurs pénitentiaires doit se montrer dans sa beauté. Il appartient à ceux qui sont chargés d'élever les jeunes détenus, de les ramener au bien.

Comment s'y prendre ? Par des châtiments dignes du moyen âge? Non. On doit étudier un caractère et employer ensuite les moyens qu'on croit les meilleurs, et d'abord, le raisonnement et la persuasion.

Tenez, voici la jeune fille dont je viens de parler. Elle est dans une première maison, son caractère est intraitable, on s'y prend bien, elle est un bon sujet; elle passe à la Fouilleuse, elle redevient intraitable et malgré d'horribles tortures, elle reste intraitable ; la Fouilleuse fermée, elle est transportée dans une autre maison, elle y a de très bonnes notes.

L'exemple est frappant et terrible pour les tortionnaires de la Fouilleuse.

Samedi, nous quitterons la Fouilleuse pour nous transporter dans l'Eure, aux Douaires, près de Gaillon, et nous verrons les belles choses qui s'y passaient, toujours sous le proconsulat du conseiller d'Etat, Herbette.

Le Conquet.

VI

AUTOUR D'UNE PLAINTE

Plainte à M. le Procureur de la République.

Le 4 novembre 1902, sous ce titre : un scandale judiciaire, l'*Aurore* publiait sous ma signature, l'article suivant :

UN SCANDALE JUDICIAIRE

L'affaire des Fraudes du Dépôt. — Une plainte au Parquet.

Le 30 octobre dernier, j'ai déposé au parquet de M. le Procureur de la République la plainte suivante, qu'un devoir impérieux m'oblige à livrer à la publicité :

Monsieur le Procureur de la République :

J'ai l'honneur de déposer entre vos mains, une plainte contre X..., c'est-à-dire contre une ou plusieurs personnes, qu'il ne m'appartient pas de rechercher et dont la découverte incombe à la justice :

1º Pour destruction de pièces comptables, appartenant à la comptabilité publique, avec cette circonstance aggravante qu'à l'époque même de leur destruction, ces pièces servaient de base à une instruction judiciaire, et que leur existence fut affirmée, depuis, à **plusieurs reprises, dans des procédures criminelles** ou civiles, et notamment dans des témoignages faits, sous la foi du serment, en cour d'assises ;

2º Pour destruction de registres officiels appartenant à la comptabilité publique.

L'affaire des Fraudes du Dépôt.

Voici les faits. Ils remontent à 1893 — c'est-à-dire à moins de dix ans — à l'époque où s'instruisait, devant M. Habert, juge d'instruction au parquet de la Seine, l'affaire dite des « Fraudes du Dépôt », qui se termina, le 13 mai 1894, par un triple acquittement (1).

L'instruction de cette affaire avait duré deux années. Trois heures d'audience suffirent à éclairer le représentant du parquet sur les prétendus détournements et les prétendus faux en écriture publique, reprochés aux inculpés. Après l'audition des quatre principaux témoins à charge, M. l'avocat général Bulot se leva, et, « sans arrière-pensée, de la façon la plus nette et la plus absolue », demanda aux jurés « de rendre rapidement un verdict d'acquittement » qui serait, de leur part, « une excellente justice ». (*Gazette du Palais*, 17 mai 1894.)

A la suite de ces débats judiciaires — au cours desquels on avait entendu M. Puybaraud, alors inspecteur des services pénitentiaires, aujourd'hui directeur du service des recherches contre les menées anarchistes, nier l'existence d'une partie essentielle de la comptabi-

---

(1) Cette plainte interrompt la prescription.

lité administrative du Dépôt — **l'affaire** fut portée devant le Conseil de Préfecture.

Procédure administrative.

Le jury avait décidé qu'il n'y avait pas de faux. Restait à savoir à qui les grattages et les surcharges constatés sur les livres avaient préjudicié.

L'Etat continua à prétendre qu'il avait été lésé de 13 ou 18.000 francs. M. Ch. Lhermitte, mon père, ex-entrepreneur des services économiques des prisons de la Seine, qui avait été inculpé dans l'affaire des fraudes, fit, de son côté, son compte. Il établit, avec preuves à l'appui (cahier des charges, factures et traites correspondantes), que, loin d'avoir perçu indûment une somme quelconque de l'Etat, il avait, au contraire, été frustré de 135.000 francs dans le règlement du compte des journées de détention du Dépôt pendant les trois années qu'avait duré son entreprise (15 février 1890-15 février 1893).

Le Conseil de Préfecture ordonna une expertise et l'Administration fut ainsi appelée à faire devant la justice administrative la preuve — non plus des majorations, mais des erreurs — qu'elle s'était déjà vainement efforcée de faire devant la cour d'assises.

M. Puybaraud.

Cette preuve, disait, en 1894, M. Puybaraud, était éclatante, indéniable, certaine. Elle ressortait, évidente, du rapprochement des livres de comptabilité et des « bulletins d'entrée et de sortie » — c'est-à-dire des pièces judiciaires qui avaient permis d'écrouer ou de libérer chaque détenu.

« Bulletin d'entrée, daté ! bulletin de sortie, daté !
« s'écriait M. Puybaraud dans le rapport initial sur
« lequel on avait ouvert l'instruction, sont les deux
« papiers, les deux signes matériels à l'aide desquels
« sont déterminées l'entrée et la sortie des détenus. »

« Il n'y a pas d'erreur possible, ou s'il s'en commet
« une, ces deux bulletins sont là, *témoignages maté-*
« *riels* pouvant servir à la rectifier. »

Enfin, j'allais donc pouvoir examiner, palper, compulser et comparer ces bulletins d'entrée et de sortie, j'allais pouvoir interroger ces « témoignages matériels », que mon père n'a, de sa vie, jamais vus, non plus d'ailleurs que les livres qui servirent à l'incriminer.

Erreur ! ces témoignages ont complètement disparu.

Voici, en effet, la déclaration faite par l'Administration aux trois experts du Conseil de Préfecture — déclaration qu'elle vient de confirmer dans des conclusions :

« Au Dépôt, écrivent les experts dans leur rapport, il
« nous a été déclaré qu'aucun de ces bulletins (bulletins
« d'entrée et de sortie) n'existait actuellement, qu'aucun
« livre de comptabilité des années 1891-1892-1893 ne s'y
« trouvait, *qu'ils avaient été brûlés sur l'ordre du*
« *Conseil d'hygiène, à la suite d'une épidémie de fièvre*
« *typhoïde qui s'était déclarée dans cet établissement,*
« *du 30 mars au 3 mai 1893.* »

Mensonge ou crime.

Or, il est établi qu'à l'époque même où la fièvre typhoïde sévissait au Dépôt (30 mars au 3 mai 1893), ces fameux bulletins d'entrée et de sortie n'étaient pas,

ét ne pouvaient pas être dans cet établissement.
« Témoignages matériels » du crime qui devait conduire
au bagne mon père et ses deux coaccusés, ils apparte-
naient à l'instruction. Ils étaient entre les mains des
experts criminels, MM. Ancel et Flory, qui y font allusion à deux reprises dans leur rapport (p. 19 et 26).

Et ce rapport n'a été remis au juge d'instruction que
le 12 septembre 1893, alors que l'affaire des Fraudes du
Dépôt n'est venue devant les assises qu'en mai 1894.

Comment donc ces pièces comptables et judiciaires
auraient-elles pu être détruites en mai 1893 ?

Et si elles ne le furent pas à cette époque, quelle est
donc la main criminelle qui a eu intérêt à les supprimer
depuis ?

Un document caché.

Leur disparition à l'heure actuelle est d'autant plus
regrettable que l'Administration a été amenée à produire,
à l'instruction civile, un document qui nous était jusqu'alors demeuré caché — même pendant l'instruction
criminelle, et cela, bien que MM. Ancel et Flory en
aient invoqué l'autorité dans leur rapport.

Ce document est un état des prétendues majorations,
dressé par M. Fournier, agent comptable de l'Administration, d'après ces fameux bulletins d'entrée et de
sortie.

Tandis que MM. Ancel et Flory travaillaient de leur
côté, l'Administration contrôlait du sien. Et, comme par
enchantement, les deux contrôles avaient abouti très
approximativement au même résultat.

M. Fournier fixait à 32.276 journées 1/2 le nombre
des journées de détention frauduleusement perçues par
M. Lhermitte.

Les experts, au contraire, fixaient ce chiffre à 30.867 journées.

Différence négligeable, 1.409 journées. C'était là une preuve nouvelle qui venait étayer l'accusation. (Rapport Ancel et Flory, page 40.)

Or, la vérité est que cette preuve n'était qu'une apparence de preuve et que le moindre contrôle eût permis de l'écarter.

Seuls, en effet, les totaux de ces deux travaux présentent une concordance approximative ; quand on les examine en détail, il en ressort une différence non pas de 1.409 journées, mais de 10.244... sur 30.000.

Conclusions.

Je m'arrête.

Ou la déclaration qui nous est faite aujourd'hui par l'Administration est exacte : les pièces comptables qui servirent, en 1894, de base à l'accusation criminelle portée contre mon père et ses deux prétendus complices avaient été brûlées un an auparavant, en mars ou avril 1893, et alors vous voyez la gravité des conséquences qui en résultent pour ceux qui osèrent, à la barre de la cour d'assises, en faire état ;

Ou, au contraire, cette déclaration est mensongère. Ni ces livres, ni ces bulletins n'ont été détruits en 1893 et l'épidémie de typhoïde n'est qu'un prétexte, une excuse invoquée pour cacher un crime.

Il est indispensable de faire sur ce point la lumière, dans l'intérêt même de la justice. Et cela est facile.

On ne détruit point, en effet, sans ordre écrit et sans qu'il en soit dressé procès-verbal, des pièces comptables et des registres de comptabilité publique. On ne les détruit point, non plus, sans que les agents qui en sont responsables en soient informés. Je crois pouvoir affirmer qu'ils ne le furent pas.

Je vous demande, en conséquence, de bien vouloir ouvrir une instruction et entendre tous les témoins utiles — notamment M. Meuger, directeur du Dépôt à cette époque — pour rechercher et établir toutes les responsabilités.

Veuillez agréer, monsieur le Procureur de la République, l'assurance de ma haute considération.

G. Lhermitte,
Rédacteur à l'*Aurore*.

Si mon père avait été seul poursuivi devant les assises en 1894, je n'aurais pas infligé aux lecteurs de l'*Aurore* le supplice de les entretenir d'une affaire qui m'aurait été personnelle.

Mais je n'ai pas le droit d'oublier que, ce jour-là, la justice avait fait asseoir au banc des accusés deux prétendus complices, deux simples employés, qui ont disparu depuis dans je ne sais quel bataillon de la misère.

Eux aussi ils ont droit à la justice, et cela d'autant plus qu'ils ont plus souffert de l'iniquité. Je n'ai donc pas le droit de conserver pour moi seul la moindre parcelle de vérité.

Au moment où éclata le scandale, en 1894, la presse entière protesta violemment, sans distinction d'opinions, et c'est de cette campagne qu'est sortie la loi sur les « réparations judiciaires ».

Mes confrères se souviendront-ils maintenant de ce qu'ils écrivirent alors ?

Je l'espère pour les deux prétendus complices que les

hasards d'une machination abominable avaiént jeté, ce jour-là, sur le banc des accusés.

G. LHERMITTE.

A la suite de cette plainte, une assez volumineuse correspondance fut échangée entre le Garde des Sceaux, le Ministère de l'Intérieur et le Conseil de Préfecture.

Une partie de ces documents sont au dossier du Conseil. J'en ai pris connaissance et copie au greffe, et c'est ainsi que j'ai appris *officiellement* le nom de mon diffamateur de 1901, le sieur Chauvin, chef du deuxième bureau des prisons, préposé aux mensonges, sinon aux faux, chevalier de la Légion d'honneur.

Le monsieur signe : par délégation du directeur général de l'Administration ; qu'il m'excuse, c'est sans délégation aucune que je lui dis ici qu'il est un pleutre, un menteur et un lâche.

De cette façon, il aura le choix.

*
* *

Lorsque je déposai ma plainte au Procureur de la République, le 31 octobre 1902, on n'était pas sans redouter un scandale au Ministère.

Dans les dernières conclusions que je déposai à l'expertise, 28 octobre 1899, j'avais en effet, à diverses reprises, souligné le mensonge administratif.

C'est ainsi que j'écrivais :

« La date qui nous est donnée, mai 1893, constitue à elle seule une preuve de l'inexactitude des renseignements qui sont fournis par nos adversaires à l'expertise, car, parmi les documents qui auraient été détruits ce jour-là, il en est un certain nombre auxquels font allusion les experts criminels dans leur rapport. Or, ce rapport n'a été clos que le 12 septembre 1893, et c'est le 12 mai 1894, que se sont ouverts les débats de la cour d'assises.

« L'importance de cette remarque n'échappera pas je l'espère, au Conseil. »

Je terminais en ces termes :

« Les observations qui précèdent me dispensent de répondre plus longuement, quant à présent, aux « conclusions probables » (c'est ainsi qu'il les dénomme lui-même), de l'expert de l'État.

« Les pièces qu'il apporte à l'expertise ne sont pas des *preuves*, mais des affirmations écrites ou chiffrées. Les conclusions à en tirer pour la réplique ne sont pas probables, mais *certaines*.

« Puisque l'examen de ma demande est ajourné, je n'ai pas à les formuler ici.

« Disons seulement que ce que nous voyons aujourd'hui, nous explique ce qui s'est passé précédemment et que les faits commencent à apparaître dans leur brutale réalité. Dès que M. Lhermitte veut préciser, contrôler, voir ou toucher du doigt les preuves de l'accusation criminelle qu'on avait échafaudé contre lui, elles disparaissent et s'évanouissent, et nous ne trouvons plus devant nous qu'un fantôme de crime, un fantôme dont la vérité a déjà déchiré, en maints endroits, le voile et dont les haillons laissent voir, en plus d'une place, la carcasse policière qui le dressa, le fit mouvoir, et aujourd'hui encore le soutient. » (*Rapport des Experts*, pp. 72 et 86.)

L'allusion était trop directe pour ne pas être comprise au Ministère. Avant de répondre au rapport des experts, le ministre fit procéder à une enquête.

La preuve s'en trouve dans la lettre qu'on va lire, datée du 8 mai 1901, enregistrée au greffe du Conseil de Préfecture le 14 mai suivant.

Lettre du Ministre de l'Intérieur au Préfet de la Seine, au sujet d'un rappel du Conseil de Préfecture, réclamant de l'Etat des conclusions dans l'instance Lhermitte contre l'Etat :

« Vous m'avez adressé, accompagné de treize pièces à l'appui, le procès-verbal de l'expertise contradictoire à laquelle il a été procédé en vertu de l'arrêté du Conseil de Préfecture du 25 juin 1898, dans l'instance engagée par M. Lhermitte contre l'Etat en interprétation du cahier des charges et en règlement des comptes. (Service des prisons de Mazas, de la Santé et du Dépôt.)

« ...J'ai l'honneur de vous faire connaître que l'examen du rapport établi par MM. les Experts a fait apparaître la nécessité de procéder à *diverses investigations* et *vérifications* sur de nombreux points visés dans ce document.

« Les conclusions que mon Administration doit prendre dans cette affaire *étant subordonnées au résultat de cette enquête, qui n'est pas encore tout à fait terminée,* je ne pourrai, par suite, vous retourner le dossier dont il s'agit que lorsque ces **recherches très délicates** et **très complexes** auront été menées à bonne fin. »

Investigations ! Vérifications ! Recherches très délicates et très complexes ! Tout demeure inutile, il faut le croire, car le 12 août 1902, l'Administration répète dans ses conclusions le mensonge éhonté qu'elle a déjà apporté à l'expertise :

« Les bulletins, écrit-elle, ont été détruits par ordre du Conseil d'hygiène à la suite d'une épidémie. »

Par prudence, elle a supprimé la date (30 mars au 3 mai 1893) et elle a omis de dire ce qu'était devenue la comptabilité disparue.

C'est l'année suivante seulement que les bulletins se

retrouveront sous la voûte et qu'on se souviendra de l'état qui en fut dressé, en 1894, par M. Durlin.

Cela n'est pas, croyons-nous, inutile à constater.

Au nombre des lettres échangées entre le Ministère de l'Intérieur et le Conseil de Préfecture, il en est une autre non moins intéressante. Elle est datée du 13 janvier 1903.

Le Président du Conseil, Ministre de l'Intérieur et des Cultes, à Monsieur le Préfet de la Seine (Direction des Finances, 7ᵉ bureau, domaine de l'État).

« M. le Garde des Sceaux m'a fait connaître qu'il manquait encore au dossier de la procédure suivie contre Mondet, Petithomme et Lhermitte, un certain nombre de pièces portées sous les cinq cotes ci-après :

« Cote 6. Lettre de M. Lagarde, du 4 juillet 1891 ;

« Cote 96. Rapport de police, du 28 janvier 1892 ;

« Code 117. Note de pièces à demander à la Cour des Comptes.

« Cote 118. Inventaire de 45 pièces de la Cour des Comptes en date du 11 mai 1893.

« Cote 140. Lettre du commandant Hervieu, en date du 18 novembre 1893.

« Je vous prie de vouloir bien faire rechercher si ces pièces ne seraient pas restées dans les différents dossiers au greffe du Conseil de Préfecture, et me transmettre lesdits documents, s'ils ont pu être retrouvés.

Par délégation,

Le Directeur de l'Administration pénitentiaire.

Signé : Illisiblement. »

Si je ne craignais d'être taxé d'indiscrétion, je me permettrais de demander très respectueusement :

1º A M. le Ministre de l'Intérieur, de quel droit il communique au Conseil de Préfecture, des dossiers de police contre un de ses adversaires ;

2º A M. le Garde des Sceaux, quel est ce rapport de police du 28 janvier 1892, et cette lettre du commandant Hervieu qui ne figurent point au dossier criminel communiqué en 1894, aux accusés.

Le voilà le dossier secret !

VII

COMMENT L'ÉTAT PAYE SES DETTES

L'article 72 du cahier des charges des prisons de la Seine, était ainsi conçu *in-fine* :

« L'entrepreneur sera payé *tous les mois* sur la production d'états dressés par lui et à ses frais, vérifiés et visés par le Directeur et approuvés par le Préfet. »

C'est là, ce que l'on est convenu d'appeler une clause de *style*. Elle est répétée dans tous les marchés. L'argument à en tirer s'applique donc non seulement aux sommes dues à M. Lhermitte pour l'entreprise des prisons de la Seine, mais encore pour toutes les circonscriptions dont il avait l'entreprise.

Au mois de février 1891, il était dû à M. Lhermitte 125.000 francs.

M. Lhermitte réclama.

Pour toute réponse, M. Herbette le menaça de la faillite en déclarant que « le vote, par le Parlement, des crédits supplémentaires qui affectent, d'ailleurs, un caractère obligatoire » était « indispensable et *prochain* ».

En 1893, M. Lhermitte attendait encore.

Voici le relevé des sommes qui lui étaient dues au 31 décembre 1892.

Ce relevé a été remis au président de la Commission du Budget, le 4 février 1893.

14.

ÉTAT des sommes, appartenant à M. Ch. Lhermitte, entrepreneur général des services économiques des prisons, demeurant à Paris, 10, quai Henri IV, immobilisées entre les mains de l'Administration pénitentiaire, pour :

1° RÈGLEMENTS ARRIÉRÉS

CIRCONSCRIPTIONS	DÉPARTEMENTS	EXERCICES			TOTAUX
		1890 et antérieurs	1891	1892	
1re circonscription .	Seine	89 »	23.095 17	179.326 57	202.510 74
11e circonscription .	Doubs. . . .	5.318 73	» »	9.243 87	14.562 60
	Haut-Rhin. .	» »	» »	2.592 69	2.592 69
	Haute-Saône	2.304 05	» »	2 379 58	4.683 63
	Vosges . . .	» »	» »	9.220 14	9.220 14
7e circonscription .	Seine-et-Marne . . .	» »	» »	9.530 56	9.609 84
			» »	79 28	
	Yonne. . . .	» »	» »	2.989 21	2.989 21
	Loiret. . . .	3.860 35	» »	6.906 68	10.767 03
2e circonscription .	Seine-et-Oise	326 »	» »	» »	326 »
17e circonscription .	Vienne et Deux-Sèvres .	762 40	» »	» »	762 40
Totaux .		12.660 53	23.095 17	222.189 30	257.945 »
Intérêts.		Mémoire	Mémoire	Mémoire	Mémoire

Ces 257.945 francs représentent le montant des sommes *exigibles et non l'intégralité* de celles réellement dues et qu'on ne présente pas ici, soit qu'il y ait litige, soit que le terme de l'échéance ne soit pas arrivé.

2° CAUTIONNEMENTS DÉPOSÉS EN GARANTIE DE L'EXÉCUTION DE SES MARCHÉS

NUMÉROS DES CIRCONSCRIPTIONS	VALEUR des cautionnements déposés
Première	100.000 »
Septième	15.000 »
Onzième.	15.000 »
TOTAL.	130.000 »

RÉCAPITULATION

Règlements arriérés	257.945 »
Cautionnements	130.000 »
Total général (sauf mémoire) . . .	387.945 »

Dressé le présent état s'élevant à la somme de trois cent quatre-vingt-sept mille neuf cent quarante-cinq francs (sauf mémoire).

Certifié sincère et véritable par le soussigné.

A Paris, le 4 février 1893.

C'est ainsi que l'Administration respectait son cahier des charges et réglait son entrepreneur tous les mois.

Cette note serait incomplète si l'on n'y ajoutait les renseignements suivants. Depuis le 15 février 1893, l'Etat ne s'est pas encore complètement libéré. Il doit à M. Lhermitte à l'heure actuelle :

1° Intérêts de la plus-value des inventaires de cession des prisons de la Seine 14.476f87
(dette reconnue liquide et exigible par décision ministérielle du 26 août 1895).

2° Intérêts et intérêts des intérêts de 14.476f87, depuis le 26 août 1895.   (Mémoire)

3° Reliquat du cautionnement de la Seine retenu en garantie par l'Etat, pour le cas où le Conseil de Préfecture viendrait à condamner M. Lhermitte dans l'instance des fraudes du Dépôt . . . . 20.000 »

4° Différence entre le taux des intérêts servis par la Caisse des dépôts et consignations 2 pour 100 et le taux légal 5 pour 100.   (Mémoire)

5° Cautionnement de l'entreprise de la maison de Nanterre, retenu illégalement par le préfet de police . . . . 5.000 »

6° Avances faites par M. Lhermitte depuis le 31 août 1888, par ordre ministériel, à M. Lenoir, inspecteur à la prison de Versailles. Remboursement ordonné par décision ministérielle du 8 juillet 1892 . . . . .   326 »

Je tiens tous les dossiers de ces affaires à la disposition de M. le Président de la Commission du Budget.

Je lui remettrai en même temps, s'il le désire :

1° Une copie du rapport d'expertise qui fixe, à l'unanimité des trois experts, à 247.218 fr. 69, non compris les intérêts, les dommages-intérêts dus à M. Lhermitte par suite des gaspillages administratifs et de la violation continuelle des clauses du cahier des charges ;

2° Une copie de l'arrêté du Conseil de Préfecture du 6 janvier 1902 (frappé d'appel par M. Lhermitte) qui condamne l'Etat à payer au demandeur près de 50.000 fr. (Je ne puis indiquer ici le chiffre exact, le dossier étant déposé au greffe du Conseil d'Etat.)

VIII

LE DOSSIER HERBETTE ET L'AFFAIRE DU DÉPOT

PRESSE PARISIENNE

Annales Politiques et Littéraires.

26 décembre 1891.   Francisque SARCEY.

Autorité.

30 avril 1891.	P. DE L.
1er mai 1891.	Gabriel BAUME.
17 octobre 1891.	
1er novembre 1891.	G. B.
23 —	
24 —	
25 —	Fernand GIRBEL.
10 février 1892.	Paul DE CASSAGNAC.
13 —	
13 mars 1892.	Gabriel BAUME.
25 —	Paul DE LÉONI.
15 mai 1894.	Gabriel BAUME.
22 —	Fernand GIRBEL.

Avenir.

>12 février 1892.   Henry DE CARDONNE.

Bataille.

>1er mai 1891.
>31   —
>23 novembre 1891.
>24   —
>25   —
>13 février 1892.   M...

Cocarde.

>15 octobre 1891.   Henry ORIOL.
>23 novembre 1891.
>24   —
>12 février 1892.   A. VERLY.
>21 mars 1892.
>8 mai 1894.
>14   —

Constitutionnel.

>30 avril 1891.
>1er novembre 1891.   Maurice MARCK.
>27   —
>17 février 1892.   Maurice MARCK.

Courrier du Soir.

>24 mai 1891.

Cri du Peuple.

12 octobre 1891.

Défense.

30 avril 1891.
18 octobre 1891.

Droit.

13 mai 1894.

Echo de Paris.

23 novembre 1891.
24   —   Colomba.
25   —   Berthol.-Graivil.
26   —   Nestor.
23 février 1892.
13 mai 1894.
14   —

Eclair.

23 novembre 1891.
24   —
1er décembre 1891.
3   —   Séverine.
13 janvier 1892.
11 février 1892.
23   —
14 mai 1894.
15   —

En Dehors.

26 novembre 1891.

Estafette.

23 novembre 1891.
24   —
20 août 1892.   A. P.
14 mai 1894.

Etendard.

23 novembre 1891.   Hector PESSARD.
25   —   A. G.

Electeur Républicain.

24 novembre 1891.
1ᵉʳ décembre 1891.

Evénement.

23 novembre 1891.   H. N.
24   —   H. N.
25   —   Albert TOURNIER.
21 mai 1892.
22 août 1892.
13 mai 1894.

Figaro.

 18 octobre 1891. Le Liseur.
 23 novembre 1891.
 10 février 1892.

Fin de Siècle.

 28 novembre 1891. Augustin Sylvestre.

France.

  9 décembre 1890.
 30 avril 1891. Louis Liévin.
 23 novembre 1891.
 24 —
 10 février 1892. Henry Girard.
 16 mai 1894. Paul Ferrier.
 19 — A. Millerand.

France Catholique.

 28 novembre 1891.

Gaulois.

 23 novembre 1891.
 30 —
 10 février 1892.
 20 mars 1892.
 29 — Henri Conseil.
 12 mai 1894. Maître Z.

Gazette de France.

> 30 avril 1891.
> 23 novembre 1891.
> 24   —
> 8 février 1892.
> 30 mars 1892.   Joseph de GODLEWSKI.
> 13 mai 1894.
> 15   —   Joseph de GODLEWSKI.
> 21   —

Gazette du Palais.

> 8 mai 1894.
> 14   —
> 17   —

Gazette des Tribunaux.

> 13 mai 1894.

Gil Blas.

> 23 novembre 1891.
> 24   —   J. P.
> 25   —
> 26 février 1892.   JACQUELINE.
> 13 mai 1894.

Guerre aux Abus.

> 11 février 1892.

Illustration.

26 mars 1892.

Intransigeant.

1er mai 1891.	
23 octobre 1891.	Henri ROCHEFORT.
23 novembre 1891.	Henri ROCHEFORT.
24 —	Ph. DUBOIS.
25 —	Henri GALLI.
26 —	Henri ROCHEFORT.
29 —	Henri ROCHEFORT.
1er décembre 1891.	
25 —	A.-D. MASSONEAU.
4 janvier 1892.	A.-D. MASSONEAU.
27 —	Henri ROCHEFORT.
9 février 1892.	Ph. DUBOIS.
12 —	Henri ROCHEFORT.
13 —	A.-D. MASSONEAU.
14 —	S.-L.
15 —	Henri ROCHEFORT.
15 —	A.-D. MASSONEAU.
21 —	A.-D. M.
23 —	
25 juin 1892.	
15 août 1892.	GRAINDORGE.
16 —	H. V.
17 —	Henri ROCHEFORT.
26 —	A.-D. MASSONEAU.

Intransigeant (suite).

1ᵉʳ novembre 1893.	D. M.
8 décembre 1893.	D. MASSONEAU.
14 mai 1894.	
15 —	D. MASSONEAU.
6 août 1894.	D. MASSONEAU.
8 —	Henri ROCHEFORT.

Jour.

23 novembre 1891.
12 février 1892.

Journal des Débats.

23 novembre 1891.	Henri JOLY.
24 mars 1892.	
29 —	
12 mai 1894.	
13 —	
14 —	

Journal des Fonctionnaires.

3 mai 1891.
29 novembre 1891.

Justice.

25 avril 1890.

17 octobre 1891.

24 novembre 1891.   Edouard DURRANC.

18 août 1892.   V. JACLARD.

13 mai 1894.   DRIF.

14   —

17   —   Léon MILLOT.

Lanterne.

5 mai 1891.

23 novembre 1891.

24 .   —

25   —

12 février 1892.

13   —

13 mai 1894.

14   —

15   —

Liberté.

23 novembre 1891.

15 août 1892.

13 mai 1894.

14   —

Libre Parole.

25 août 1892.   Edouard DRUMONT.

Matin.

22 novembre 1891.
23   —
24   —
20 mai 1892.
12 — 1894.
13 — 1894.

Monde.

1er décembre 1891.

Moniteur de la Seine.

25 octobre 1891.   P. D.

Moniteur Universel.

5 mai 1891.
15 octobre 1891.
18   —
19   —
21   —
23   —
24   —
1er décembre 1891.   Albert ROGAT.
10 février 1892.   Ad. M.
14 mars 1892.
21   —
25   —   Richard DE LAVALLÉE.
13 mai 1894,

Mot d'ordre.

    23 novembre 1891.

    24   --

Nation.

    23 novembre 1891.

    24   —

    19 mai 1894.   C. S.

National.

    23 novembre 1891.

    14 mai 1894.

Paix.

    23 novembre 1891.

    24   —

    15 mai 1894.

Paix Sociale.

    13 mai 1894.

Paris.

    23 novembre 1891.

    25   —

    21 mars 1892.

    13 mai 1894.

    15   —   Maxime PAZ.

Parti National.

> 2 mai 1891.
> 24 novembre 1891.
> 16 août 1892.   A. BOURCERET.

Patrie.

> 17 octobre 1891.
> 23 novembre 1891.
> 24   —
> 1ᵉʳ décembre 1891.
> 9 février 1892.
> 13 —
> 14 —
> 13 mai 1894.
> 14 —

Patriote.

> 21 mai 1891.
> 24 novembre 1891.
> 25   —
> 12 février 1892.

Pays.

> 23 novembre 1891.
> 24   —
> 12 février 1892.
> 13 —
> 13 mai 1894.

Petit Caporal.

    1ᵉʳ novembre 1891.
    25   —
    15 février 1892.   Maurice MARCK.

Petit Constitutionnel.

    21 mai 1891.

Petit Journal.

    14 août 1892.   Maître CORBEAU.

Petit National.

    24 novembre 1891.
    25   —
    14 février 1892.   E. D.
    22 mars 1892.
    22 mai 1892.

Petit Parisien.

    23 novembre 1891.
    25   —
    13 mai 1894.

Petites Nouvelles.

    30 novembre 1891.

Petite Presse.

24 novembre 1891.
25   —
1er décembre 1891.
23 février 1892.

Petite République.

24 novembre 1891.		
25	—	Pierre NOLAY.
26	—	PHALÈNE.
1er décembre 1891.		Pierre NOLAY.
12 août 1892.		G. M.
13 mai 1894.		
15	—	H. LENCOU.
21	—	G. M.

Peuple Français.

14 mai 1894.   SAINT-MARCEL.

Pilori.

17 mai 1891.   SILVIO.
25 octobre 1891.   CAYLUS.
14 février 1892.   CAYLUS.

Presse.

30 avril 1891.
24 novembre 1891.
12 mai 1894.
13   —

Public.

> 25 novembre 1891.
>
> 14 mai 1894.

Radical.

> 9 décembre 1890.   Louis LUCIPIA.
>
> 6 mai 1891.
>
> 29   —
>
> 16 octobre 1891.
>
> 23 novembre 1891.
>
> 24   —
>
> 25   —
>
> 26   —
>
> 27   —
>
> 1er décembre 1891.   Sigismond LACROIX.
>
> 10 février 1892.   Sigismond LACROIX.
>
> 13   —
>
> 16 mars 1892.
>
> 24   —   Sigismond LACROIX.

Rapide.

> 14 mai 1894.

Rappel.

> 23 novembre 1891.
>
> 24   —
>
> 25   —   Lucien-Victor MEUNIER.
>
> 27   —   1893.
>
> 14 mai 1894.

République Française.

> 23 novembre 1891.
> 24   —
> 22 février 1892.
> 20 mars 1892.
> 13 mai 1892.
> 15 mai 1894.   Maurice CABS.

République Sociale.

> 29 octobre 1891.
> 14 mai 1894.

Revue Exotique.

> 1er juin 1891.

Siècle.

> 23 novembre 1891.
> 30   —
> 20 mars 1892.
> 14 mai 1894.

Signal.

> 13 mai 1894.

Soir.

> 23 novembre 1891.
> 22 février 1892.
> 12 mai 1894.

Soleil.

23 novembre 1891. H. G.

24 —

11 février 1892. Jean de NIVELLE.

22 —

13 mai 1894. Louis HUBERT.

Souveraineté.

19 octobre 1891. P. L.

23 novembre 1891.

24 —

7 février 1892. LE CONQUET.

11 — LE CONQUET.

17 — Paul LEUGLÉ.

11 mars 1892. LE CONQUET.

21 — L. C.

14 mai 1894.

Temps.

29 avril 1891.

23 novembre 1891.

21 février 1892.

15 août 1892.

13 mai 1894.

14 —

Univers Illustré.

2 juin 1894.

Univers.

>   23 novembre 1891.
>   24   —
>   25   —
>   11 février 1892.

Voltaire.

>   20 octobre 1891.
>   24 novembre 1891.
>   25   —
>   30   —
>   14 mai 1894.   Mᵉ AUBERTIN.

XIXᵉ Siècle.

>   18 octobre 1891.
>   23 novembre 1891.
>   24   —
>   15 août 1892.   Mᵉ GERVASY.
>   8 octobre 1893.
>   13 mai 1894.
>   14   —
>   16   —   Thomas GRAINDORGE.
>   17   —   Henry FOUQUIER.

PRESSE DÉPARTEMENTALE

Anjou.

>22 octobre 1891.

Courrier d'Arras.

>13 mars 1892.
>14 —

Courrier de l'Aude.

>16 mai 1894.

Courrier de la Champagne.

>16 mai 1894.

Courrier du Havre.

>13 mars 1892.   B.

Courrier de Mende.

>18 février 1892.   Auguste HUILLARD.

Courrier de Riom.

>14 février 1892.

Courrier de Saône-et-Loire.

>24 novembre 1891.   Oswald LEROY.

Courrier de la Vienne.

14 juin 1891.

Dépêche de Clermont-Ferrand.

16 mai 1894.

Echo du Cher.

17 mars 1892.   FIDUS.

Echo du Rhône.

13 mai 1894.

Echo Soissonnais.

27 novembre 1891.

Echo du Velay.

17 mai 1894.

Eclaireur de Nice.

14 mai 1894.

Ere Nouvelle de Tarbes.

16 mai 1894.

Express de Lyon.

23 novembre 1891.

Express du Midi.

16 mai 1894.

Gazette du Midi (Marseille).

17 juin 1891.   E. B.

Gironde.

24 novembre 1891.

Girondin de la Réole.

14 février 1892.   Michel DU Cos.

Indépendant de Saint-Omer.

17 mai 1894.

Journal de Château-Thierry.

14 février 1892.

Journal du Cher.

17 mai 1894.

Journal de la Dordogne.

14 juin 1891.   Léon BARRET.

Journal de Dreux.

25 mars 1892.   E. B.

Journal du Havre.

20 mai 1894.

Journal du Loiret.

10 mai 1891.
24 novembre 1891.

Journal de la Meurthe.

1er mai 1891.   G. D.
16 mai 1894.

Journal du Midi.

16 mai 1894.

Journal de Montmédy.

15 février 1892.

Journal de Neuchâtel.

16 février 1892.

Journal de l'Oise.

24 novembre 1891.

Journal de Rennes.

> 1er mai 1891.
> 16 mai 1894.

Journal de Rouen.

> 15 mai 1894.

Journal de Saint-Quentin.

> 16 mai 1894.

Journal de l'Aveyron.

> 17 mai 1894.

Médocain.

> 14 février 1892.

Moniteur du Cantal.

> 20 février 1892.

Messager de Tours.

> 16 mai 1894.

Nord Maritime.

> 12 mai 1891.

Armand GREBAUVAL.

Nouveau Siècle de Bordeaux.

18 février 1892.

Nouvelliste de Bordeaux.

23 novembre 1891.

Nouvelliste de Nantes.

30 avril 1891.
24 novembre 1891.   J. GUETTON.
29   —

Nouvelliste de l'Ouest.

24 octobre 1891.   J. GUETTON.

Patriote de Normandie.

18 mars 1892.   O. HAVARD.

Petit Nord (Lille).

30 avril 1891.

Petit Phare de Nantes.

30 avril 1891.

Petit Troyen.

23 novembre 1891.
19 février 1892.

Petite Gironde.

  23 novembre 1891.

  27   —   Hector Pessard.

Petite Loire.

  18 février 1892. A. Maunoury.

Phare de la Loire.

  1er mai 1891.
  15 mai 1894.

Progrès de l'Est.

  24 novembre 1891.
  16 mai 1894.

Progrès de Nantes.

  30 avril 1894.

Publicateur du Finistère.

  27 novembre 1891.

Ralliement de Montauban.

  16 mai 1894.

Républicain de l'Est.

  20 mai 1894.

Salut public de Lyon.

23 novembre 1891.

25 — H. DE LA MONTAGNE.

Savoisienne.

14 février 1892.

Stéphanois.

22 mai 1894. G. M.

Touraine républicaine.

17 mai 1894.

Tribune de Montauban.

10 avril 1892. Maurice LASSERRE.

Vraie France de Lille.

24 novembre 1891.

PRESSE COLONIALE

Akbar (Alger).

29 mai 1894. VERAX.

PRESSE ÉTRANGÈRE

Calignani Messenger.

    22 novembre 1891.

Etoile Belge.

    23 novembre 1891.

Indépendance Belge.

    23 novembre 1891.

New-York Herald.
    23 novembre 1891

Les articles de 1891 ont pour sujet l'affaire Herbette et le début de l'affaire du Dépôt.

Ceux de 1892 sont relatifs à l'affaire de la Fouilleuse.

Ceux de 1894, à l'affaire des « Fraudes du Dépôt ».

TABLE DES MATIÈRES

DEUXIÈME PARTIE

LA COUR DES MIRACLES

Comment on fait disparaître la preuve d'un crime. —
Une comptabilité officielle et un dossier criminel livrés
aux flammes. — Trois déclarations officielles. — Une
date compromettante. — Un démenti de M. Meuger,
directeur du Dépôt. — Une plainte au Procureur de la
République. — Résurrection. — Un dossier criminel qui
se retrouve sous une voûte. — A jouer avec le feu on se
brûle.

Comment l'Etat entend substituer aux preuves maté-
rielles de 1894 invoquées devant la cour d'assises par
M. Puybaraud et les experts, de nouvelles preuves. —
Sainte concordance !

A la recherche de la demande de l'Etat. — Quatre
demandes pour une. — Où Messieurs les Experts pren-
nent quelques privautés avec la Mathématique. — Des
règles de l'addition, de la soustraction et de la multiplication. — Critérium de certitude.

Le monde à l'envers. — Comment le total de plusieurs
nombres peut devenir, par raison d'Etat, inférieur au
total d'une certaine partie seulement de ces mêmes
nombres. — Comment, pour la même raison, M. Lhermitte devient directeur du Dépôt, et le directeur du
Dépôt administrateur de la maison Lhermitte.
Où l'on retrouve enfin dans les flammes une pièce pro-
bante. — Les complaisances du Trésor. — Des copies
qui n'en sont pas. — Comment l'on démontre enfin que
M. Lépine fut le complice de M. Lhermitte, ou que l'Administration a produit un faux aux débats.

Robert Houdin et Robert Macaire.

ANNEXES

ALENÇON, IMPRIMERIE A. HERPIN. 17802